Max H. Friedrich

Lebensraum Schule

Perspektiven für die Zukunft

UEBERREUTER

Mit herzlichem Dank für die Geduld und den Fleiß an meine
Sekretärin Petra Kudrnac und die Lektorin
MMag. Marie-Therese Pitner

ISBN 978-3-8000-7361-0
Alle Urheberrechte, insbesondere das Recht der Vervielfältigung, Verbreitung
und öffentlichen Wiedergabe in jeder Form, einschließlich einer Verwertung in
elektronischen Medien, der reprografischen Vervielfältigung, einer digitalen
Verbreitung und der Aufnahme in Datenbanken, ausdrücklich vorbehalten.
Covergestaltung und -illustration: Christian Thomas, www.concept8.com
Copyright © 2008 by Verlag Carl Ueberreuter, Wien
Druck: Druckerei Theiss GmbH, A-9431 St. Stefan i. L.
7 6 5 4 3 2

Ueberreuter im Internet: www.ueberreuter.at

Zueignung

Allen Schülern zukunftsweisend,
allen Eltern Hoffnung spendend,
allen Lehrern zur Ermutigung zugeeignet.

Inhalt

Präambel § 2 (1) des Schulorganisationsgesetzes 11
Einleitung 13
Räumliche Gestaltung der Schule 24

Die drei Akteure der Schule: Lehrer – Eltern – Schüler 29
    LEHRER 29
        Die wichtige soziale Funktion der Volksschullehrer 32
        Für und Wider von Benotung und verbaler Beschreibung 34
        Wird die Ausbildung der Lehrer deren Aufgaben gerecht? 35
        Von der Grund- in die Sekundarstufe. 38
        Über Lehrstoff und Lehrmethoden 40
        Was macht der Lehrer mit folgender Entwicklung des Kindes? 46
        Kooperation zwischen Lehrern und Eltern 50
        Die Frage der richtigen Schulwahl 51
        Die Gefahr des Scheiterns bei falscher Schulwahl 54
        Die optimale Lehrerpersönlichkeit 57
    ELTERN 60
        Vorbereitung auf den Schuleintritt 61
        Unterschiedliche Voraussetzungen beim Schuleintritt 63
        Motivation – eine wichtige Aufgabe von Eltern und Lehrern 69
        Erkennen von Stärken und Schwächen und eine
        entsprechende Förderung. 71
        Die Schulwahl aus Sicht der Eltern 75
    SCHÜLER 78
        »Schwierige Schüler« – darauf unzureichend vorbereitete Lehrer . . 78
        Aggressivität 79
        Rückzugsverhalten 81
        Angst 82
        Hyperaktivität 84
        Begabungsschwerpunkte und Teilleistungsschwächen 84

Förderung von Hochbegabten	89
Die Diskussion um Ganztags- und Gesamtschule	91
Förderung des Selbstbewusstseins der Schüler	93
Ein optimales Schulklima	95

Psychopathologie von Schülern im Alltag 98
    Pathologische Erlebnis- und Belastungsreaktionen 98
    Neurotische Reaktionen 99
    Mutismus und Autismus 109
    Psychosomatische Erkrankungen 111
    Persönlichkeitsentwicklungsstörungen 112
    Psychopathologische Symptome im Pubertätsalter 114
    »Schwierige Schüler« 115

Schule und soziales Lernen 119
    Erste Sozialisation 120
    Nähe und Distanz, Gefühle und Empfindungen 122
    Der Erwerb von Entscheidungskompetenz 124
    Ehrlichkeit und Lüge 126
    Imitation und Theater 128
    Kommunikationsfähigkeit 130
    Kooperationsfähigkeit 133
    Beziehungs- und Problemlösungsfähigkeit 134
    Eigenverantwortung und Selbstständigkeit 135
    Ein Blick auf Vorpubertät, Pubertät und Adoleszenz 137

Schule und Sprache 139
    Fremdsprachenkenntnisse – heute unerlässlich 139
    Schulung der Redekunst 142

Schule und Sexualaufklärung 144
    Eine gemeinsame Aufgabe von Schule und Eltern 144
    Sexueller Missbrauch 148

Schule und Politik 150

Schule und Religion 153

Schule und Gewalt 156
    Ursachen von Gewalt 158
    Hemm-, Brems-, Kontroll- und Steuermechanismen 160
    Misshandlungsvorwürfe 161
    Die Spirale von der Aggression über die Gewalt
    zur Brutalität 164

Futuristisches Schulszenario 166
    Die zeitliche Komponente 166
    Die räumliche Komponente 167
    Die situative Komponente 168
    Die persönliche Komponente 169
    Leben und lernen lehren 170

Präambel § 2 (1) des Schulorganisationsgesetzes

Die österreichische Schule hat die Aufgabe, an der Entwicklung der Anlagen der Jugend nach den sittlichen, religiösen und sozialen Werten sowie nach den Werten des Wahren, Guten und Schönen durch einen ihrer Entwicklungsstufe und ihrem Bildungsweg entsprechenden Unterricht mitzuwirken. Sie hat die Jugend mit dem für das Leben und den künftigen Beruf erforderlichen Wissen und Können auszustatten und zum selbsttätigen Bildungserwerb zu erziehen.

Die jungen Menschen sollen zu gesunden, arbeitstüchtigen, pflichttreuen und verantwortungsbewussten Gliedern der Gesellschaft und Bürgern der demokratischen und bundesstaatlichen Republik Österreich herangebildet werden. Sie sollen zu selbstständigem Urteil und sozialem Verständnis geführt, dem politischen und weltanschaulichen Denken anderer aufgeschlossen sowie befähigt werden, am Wirtschafts- und Kulturleben Österreichs, Europas und der Welt Anteil zu nehmen und in Freiheits- und Friedensliebe an den gemeinsamen Aufgaben der Menschheit mitzuwirken.

Einleitung

Der Entschluss, ein Buch über die Schulsituation in Österreich zu schreiben, war ein jahrelang gehegter. Die Motivation dazu entspringt der eigenen wie auch der Schulerfahrung von vier Kindern, die nunmehr alle ihre Schulausbildung mit erfolgreicher Matura beendet haben. Die Erfahrungen beziehen sich auf unterschiedliche Schultypen. Um jener Kritik vorzubeugen, dass jeder, der die Schule besucht hat, von derselben auch etwas verstehen muss, sei folgende Erfahrung dargelegt: Schon in den Ausbildungsjahren als Psychiater, später als Kinder- und Jugendpsychiater, als individualpsychologischer Psychotherapeut und als ein Systembegründer von Hilfssystemen für auffällige Schulkinder wurden mir Einblicke in ein »so seiendes System« gewährt, das einer Verbesserung bedarf. In dem vorliegenden Buch soll – immer im Hinblick auf die Kinder – ein Wunschdenken präzisiert werden. Es soll sich um keine Abrechnung mit der Schule und nicht um ein »Lehrerhasser-Buch« handeln, da ein solches schon geschrieben wurde und berechtigterweise auf negative Kritik gestoßen ist. Wichtig ist vielmehr, eine ehrliche Bilanz über die gegenwärtige österreichische Schulsituation zu ziehen und in fantasievollen Wünschen eine Optimalschule zu konzipieren. Dabei ist klar, dass Maximalforderungen sinnlos sind, da sie als Utopien abgelehnt werden.

Die Schulpflicht wurde in unserem Land von Maria Theresia eingeführt und war zu allen Zeiten immer wieder heftiger Kritik ausgesetzt. In der Zeit der eben eingeführten Schulpflicht diente der gewohnte Drill der militärischen Ausbildung der gerade aus dem Siebenjährigen Krieg heimgekehrten Feldwebel, die des Lesens, Rechnens und Schreibens kundig waren, als Vorbild. Vielleicht war es auch von Anbeginn an das Wort »Pflichtschule«, in welcher der

Lehrer absolute Autorität besaß und die Pflichten des Bürgers mehr im Vordergrund standen als deren Rechte; vielleicht war das Schulsystem in unserem Land von der Gründung weg auch eine Zuchtanstalt, die den Staatsbürger zu Untertänigkeit und Ordnung erziehen wollte. Sicher ist auch zu bedenken, dass viele Wurzeln der österreichischen Schule stark vom Klerikalismus geprägt waren, wodurch in den vergangenen hundert Jahren die relativ starren Grenzflächen zwischen der christlich dominierten Schulobrigkeit und einem erwachenden säkularen Weltbild massive Trennungsschwierigkeiten hervorriefen.

Es war kein Zufall, dass am Beginn des 20. Jahrhunderts neben den klerikalen Schulen und den daneben bestehenden öffentlichen Schulen Reformpädagogen auftraten, die andere und neue Formen des Schulunterrichts entwickelten. Maria Montessori, Rudolf Steiner, Janos Korczak und Alfred Adler sowie auch dessen Schüler, oder Reformer wie Oskar Spiel, Franz Scharmer und Otto Glöckel waren Repräsentanten alternativer Schulformen. Es gab nach dem Ersten Weltkrieg eine neue Weltordnung mit autoritärer Gleichschaltung von großen, einander gegenüberstehenden Weltanschauungen. Der Polarisierung des Faschismus und des ganz speziellen Austrofaschismus stand die Linksorientierung im Sozialismus und Kommunismus gegenüber. Nach dem Zweiten Weltkrieg gab es eine Weltorientierung zwischen West und Ost mit weiterhin stark ideologischer Ausrichtung.

Jede gesellschaftliche Strömung fand im wichtigen Machtinstrument Schule ihren Niederschlag. In dieser Bildungs- und Erziehungsinstitution konnte man – zumindest vermeinte man dies – Kinder ideologisch gleichrichten und sie somit massiv manipulieren. Dies geschah in politischer wie auch inhaltlicher Ausrichtung, was am Beginn des 20. Jahrhunderts durch die autoritäre Gesinnung zu zwei Weltfanalen führte. Nach dem Ersten Weltkrieg versuchte man auf faschistischer Seite, die Kinder und Jugendlichen durch NAPOLA, »Kraft durch Freude« und Jugendverbände mit stundenlangen Aufmärschen gleichzurichten. In den kommunistischen Staaten gab es ebenso den Versuch, freie Gedanken zu unterdrücken, und ideologischer Widerspruch wurde geahndet. Lebensschicksale von Andersdenkenden wurden durch Studien- und Berufsverbote bestimmt. Die dirigistischen Einflüsse fanden selbstverständlich in Schulplänen ihren Niederschlag, die in den demokratischen Gesellschaftsordnungen aufgrund der beobachtbaren Erfahrungen bewusst verändert wurden.

Neben den schon genannten reformpädagogischen Ansätzen am Beginn des 20. Jahrhunderts beeinflussten in den zwanziger und dreißiger Jahren die Tiefenpsychologen die Bildung und Erziehung, vor allem in den öffentlichen Schulen, und halfen mit, die definierten Aufgaben zu erfüllen. Sigmund Freud und dessen Tochter Anna brachten mit den Erkenntnissen der Psychoanalyse entwicklungspsychologische Erkenntnisse in die Diskussion ein. Seien es die Libidotheorien, die Phasentheorie, das Instanzenmodell von Ich, Über-Ich und Es und die Ich-Abwehrleistungen. Von Seiten der Wiener Forscher Karl Bühler, Charlotte Bühler-Hetzer sowie René Spitz kamen immer mehr Erkenntnisse über die Entwicklung des Kindes bis in den schulischen Bereich zur Anwendung. Auch Jean Piaget sei nicht vergessen, dessen wesentliche Forschungsinhalte über die unterschiedlichen Denkstadien in der Entwicklung zu Richtlinien des Lernens geführt haben.

Blickt man auf die schulische Epoche des vergangenen Jahrhunderts zurück, so ist gerade Rudolf Steiner zu nennen, dessen anthroposophischen Überlegungen zu einem grundsätzlichen Umdenken im Hinblick auf das Lernens, aber auch die Lehrinhalte geführt hat. Die von Steiner vorweggedachten Ideen zeigen auch heute noch eine ganzheitliche Bildungstheorie, und viele der modernen Grünfantasien wurden von ihm vorweggenommen. Ein hochinteressantes Schulprojekt war die individualpsychologische Versuchsschule Oskar Spiels, der in dem Buch *Am Schaltbrett der Erziehung* auch heute noch gültige Gesichtspunkte niedergelegt hat. Auch die Umsetzungen des autonomen Lehr- und Lerngeschehens von Maria Montessori finden weiterhin viele Anhänger. Dann folgte in Österreich, im dunkelsten Kapitel seiner Geschichte, die Vertreibung einer ganzen Generation von Gelehrten, so sie es schafften, ins Ausland zu fliehen. Vor allem die brutale Vernichtung von Menschen nahm Unwiederbringliches ihres Geistes in den Tod mit. Es gab aber auch einige wenige Menschen, die in dieser Zeit tolerant und liberal dachten und im Untergrund weiterdiskutierten. Sie konnten sich nach dem Krieg, allerdings mit jahrelanger Verzögerung, international vernetzen.

Oskar Spiel konnte seine individualpsychologische Versuchsschule wieder eröffnen, Ruth Cohn kam aus Amerika zurück und brachte als Lehrerin eine therapeutische Technik mit, die themenzentrierte Interaktion, Rudi Ekstein kam 1975 nach Wien und wurde für eine ganze Generation von Lehrern, Ärzten und Psychotherapeuten einer der tolerantesten Lehrer. Er konnte in unvergleichlicher Art allen Menschen, die mit Kindern arbeiteten, dialogisch Weisheiten vermitteln. In diese Zeit fiel auch der erste Besuch Anna Freuds in Wien. Ihr zu Ehren wurde ein eigener psychoanalytisch ausgerichteter Kindergarten eingerichtet und eröffnet. Anna Freud war eine Verfechterin davon, Kleinkinder ihre Kindheit leben und sie spielerisch das Leben lernen zu lassen. Gerade in der gegenwärtigen Diskussion um die Vorverlegung des Schuleintrittes mögen die mahnenden Worte Anna Freuds beachtet werden, dass man das kindliche, kreative und lernfähige Potenzial nützen muss, um spielerisch die im Lande übliche Sprache zu lernen. Daraus leitet sich eine ethnienverbindende Kommunikation ab. Sie hilft, von frühen Kindertagen an Vorurteile aufgrund der Sprachkompetenz abzubauen. Man möge nicht vergessen, dass wir alle unsere Muttersprache gelernt haben, ohne des Lesens und Schreibens kundig gewesen zu sein. Dieses den Kindern innewohnende Potenzial, spielerisch zu lernen, muss genützt werden.

Betrachtet man die Jahre zwischen 1970 und 1980, so kann man diese Zeit als silbernes Zeitalter psychosozialer Projekte bezeichnen. Obwohl Sparzwang herrschte, wurden Jugendberatungszentren errichtet, Großheime aufgelöst, Resozialisierungsprogramme mit jugendlichen Strafgefangenen eingeleitet; und vor allem wurde die Schule ins Zentrum neuer Entwicklungen gerückt. Junge Lehrer engagierten sich und bemühten sich im »vortherapeutischen Raum«, kognitiv, emotional und sozial schwachen Kindern Hilfe anzubieten. Psychagogische Betreuer und Beratungslehrer, Begleitlehrer und Stützlehrer wurden eingesetzt und konnten ihre Hilfe anbieten. Die damals wissenschaftlich neu gewonnenen Erkenntnisse über die Teilleistungsschwächen hatten Trainingsprogramme zur Folge, die sozial diskriminierenden allgemeinen Sonderschulklassen wurden auf das notwendige Maß reduziert und der Integrationsgedanke – intellektuell schwächer begabte Kinder sowie vor allem Ein- und Mehrfachbehinderte zu integrieren – wurde verwirklicht. Die Schule wurde, vor allem in Wien, durch die amtierenden Stadt- und Landesschulratspräsidenten in Form von Diskussionsforen geöffnet und multiprofessionelle Begegnungen führten zum Netzwerkdenken.

Besonders herausgehoben sei der ehemalige amtsführende Wiener Stadtschulratspräsident Kurt Scholz. Er hatte die Idee, Wissenschafter der erdenklichsten Disziplinen einzuladen, die diskussionsfreudig eine Konfluenz der verschiedensten Richtungen wahrnahmen. Giselher Guttmann, Leopold Rosenmayr, Erwin Ringel, Viktor Frankl, Brigitte Rollet, Rudi Ekstein und viele, viele andere, auch aus der Kinder- und Jugendpsychiatrie, waren gefragte Referenten und Diskutanten. Keiner musste sich in der Diskussion ein Blatt vor dem Mund nehmen und man hatte oftmals den Eindruck, je kontroversieller diskutiert wurde, desto beschenkter ging man nach solchen Abenden nach Hause.

Als Beispiel mag auch die Wiener Psychosoziale Kommission dienen, in der hochrangige Vertreter der Schulen, der Jugendwohlfahrt, der Kinder- und Jugendpsychiatrie, der Justiz – insbesondere der Jugendgefängnisse –, der Drogenverantwortlichen und der Jugendpolizei einander trafen und auch noch immer treffen. Diese Sitzungen finden in gegenseitiger Achtung, oft aber auch mit heftiger Kritik an Missständen in der einen oder anderen Einrichtung statt. Durchschnittlich dreimal im Jahr begegnen die Vertreter der genannten Einrichtungen einander in jeweils einer anderen psychosozialen Einrichtung.

Zu einem tiefen Einschnitt in all dem, was Schule in Österreich bedeutet, kam es gegen Ende der neunziger Jahre des vergangenen Jahrhunderts. Aus dem Sparzwang wurde ein Sparwahn. Unworte wie »Kuschel- bzw. Streichellehrer« brauchte man in diesem Lande nicht, und ein neoliberaler Trend griff mehr und mehr Platz, wozu in diesem Buch noch mehrfach Stellung bezogen werden wird.

Nach diesem sehr kursorischen Rückblick aus persönlicher, subjektiver Sicht soll nun eine Programmatik dieses Buches vorgestellt werden. Der Autor ist kein Pädagoge, wenngleich er an der Wiener Universität einen Lehrauftrag für Sonder- und Heilpädagogik hat, er ist kein Didaktiker und kein Fachmann für Lern- und Leistungskataloge im inhaltlichen Sinn. Aufgrund jahrzehntelanger Arbeit mit Lehrern in Lehrer-Balint-Gruppen, einer Technik zur Selbstreflexion und Bewältigung der Arbeit mit verhaltensauffälligen Kindern, aber auch als Supervisor von Lehrkräften wurde ausreichend Einsicht gewonnen, und vielleicht gelingt dadurch ein objektiver, zumindest vorurteilsarmer und unvoreingenommener Ansatz.

Über den »Lebensraum Schule« zu schreiben, hat zum Ziel, dass Kinder, Lehrer, Eltern, Beamte und Kritiker gerne in die dargelegte optimierte Fantasieschule gehen würden. Unsere Kinder sollen in dieser Schule eine Welt erleben dürfen, in der wir die Kinder für »das Haus von Morgen« (Khalil Gibran) bilden und erziehen wollen. Es ist jenes Haus, von dem der Philosoph Gibran auch klarlegt, dass wir Erwachsenen es allerdings »nicht besuchen« können.

Die Tatsache, dass Eltern ihre Kinder für eine Zukunft erziehen, die ihnen ungewiss ist, galt zwar zu allen Zeiten, wenn man aber den Gedanken Neil Postmans folgt, heute ganz besonders. Dieser zog einmal einen Vergleich zwischen einem Kind, das 1492 in Mitteleuropa aufwuchs, zu einem Zeitpunkt also, als gerade Amerika entdeckt wurde, und einem Kind der Jetztzeit, und stellte dabei fest, dass sich in der Weltsicht des Kindes in einer Generation im Mittelalter relativ wenig änderte, während heute Bildung und Erziehung innerhalb nur weniger Jahre ein völlig neues Weltbild und eine neue Weltsicht erfordern. Daher wird es notwendig sein, ein absolut grundsätzliches Umdenken zu entwickeln.

Kinder sollen zu Menschen heranwachsen dürfen, die nicht nur für den Konkurrenzkampf gewappnet sind, sondern auch Raum in ihrem Leben haben für all das, was in den Schulzielparagrafen steht. Aufgabe der Schule wäre nämlich die Heranbildung zu Wahrem, Gutem und Schönem oder, anders übersetzt, zu mehr Ehrlichkeit, zu einer zeitangepassten Ethik und – nicht zu vernachlässigen – zu einer Ästhetik, mit dem nie außer Acht zu lassenden historischen Kulturbezug.

Wie sollte also eine solche Schule aussehen?
1. Eine kindgerechte Schule, in der gelehrt und gelernt werden kann, benötigt eine den lebensaltertypischen Bedürfnissen angemessene Architektonik, die Raum gibt für Leistung, Erlebnisgemeinschaft, Spiel, Sport, Entspannung und selbstverständlich auch die notwendige Verwaltung. Eine solche Gestaltung erfordert, dass das Kind während der Schulzeit zum einen differenziert kindgerechte Bewegungsräume vorfindet und zum anderen Klassenräume wie auch unterschiedlichste Schullaboratorien, um von den Lehrern und Erziehern gelenkt und geführt zu werden, also einen Lebensraum.
2. Eine kindgerechte Schule muss auf die lebensaltertypischen entwicklungspsychologischen Bedürfnisse und tiefenpsychologischen Erkenntnisse ausgerichtet sein, wobei die pädagogische Differenzialdiagnostik des Kindes niemals vernachlässigt werden darf.

3. Kinder benötigen in der Schule Kulturräume, in denen Kreativität blühen kann und die schönen Künste gelehrt und gelernt werden können, ebenso Räume zum Experimentieren – im Physik- und Chemieunterricht sowie in allen Naturwissenschaften –, in denen hinreichend Zeit und Platz angeboten werden können.
4. Ein grundsätzliches Problem für die Schule ist das Image ihrer Lehrer. In immer wieder publizierten Berufsrankings werden die Lehrkräfte meist im unteren Drittel angeführt. Dies steht im Gegensatz zu den skandinavischen Ländern oder etwa Südkorea, wo Lehrkräfte die ersten drei Plätze einnehmen. Vielleicht sollten sich Public-Relation-Professionisten des Lehrerimages annehmen, um auch der Bevölkerung die wichtige Aufgabe der Lehrer für die Zukunftsaussichten unserer Kinder deutlich ins Bewusstsein zu rufen.
Dazu gehört die wichtige Differenzierung zwischen den Lehrern der Grundstufe, den Mittelschullehrern und den berufsbildenden Lehrkräften. Alle Lehrer zusammengenommen, hat aber die Achtung vor diesen Berufen zu stehen, schließlich erlauben wir ihnen, neben den im Elternhaus von uns als richtig erkannte Erziehungs- und Beratungsstrukturen auch andere Weltsichten zu erfassen. Dazu bedarf es der Authentizität von Lehrern, der bestmöglichen Ausbildung auf den soeben eröffneten pädagogischen Hochschulen. Es wird auch notwendig sein, als Eltern davon Abstand zu nehmen, dass wir alle etwas von der Schule verstünden, nur weil wir sie besucht haben. Alle Eltern haben natürlich Schulerinnerungen und personenbezogen auch Erinnerungen an angenehme und unangenehme Lehrer. Dies sollte aber nicht dazu führen, den Kindern die Lehrerpersönlichkeit missachtend darzustellen, da sich dies auf die Kind-Lehrer-Beziehungsstruktur nur negativ auswirkt.
5. Eine angesehene und beliebte Schule kann immer nur eine heitere Schule sein, die Platz für Humor bietet und in der Humor

nicht als Zeitverschwendung gesehen wird. Er soll vielmehr Toleranz vorgelebt werden, damit diese zum Imitationslernen dient und so wider den tierischen Ernst steht.

6. Die multilinguale Schule wird zukunftsweisend sein. Die Sprachvermittlung muss kindgerecht stattfinden und die »Fremdsprache« in der Hierarchie vor der »Fremdschreibe« stehen. In jeder Schule sollte ein Kind zumindest Kenntnisse in zwei Fremdsprachen vermittelt bekommen. Anzudenken wäre aufgrund der geografischen Lage Österreichs, neben der englischen Universalsprache vorrangig eine slawische Sprache anzubieten. Auch ist die Vielfalt der Sprachethnien in unserem Land Anreiz, ein breites Angebot zu bieten.

Weiters erlaube ich mir, die Notwendigkeit der Vermittlung der lateinischen Sprache in der Gesamtschulzeit über zumindest zehn bis achtzehn Monate anzuregen. Es geht dabei nicht darum, deklinieren und konjugieren zu üben, sondern darum, ein lebensnahes Latein zu vermitteln. Dies wäre ein Garant, die Kulturdenkmäler Europas und speziell des Mittelmeerraumes zumindest in ihrem Schrifttum in einfacher Form verstehen zu können. Vielleicht gelingt dies auch, ohne die spezifische lateinische Grammatik zu beherrschen.

7. Ziel einer zwölfjährigen Schullaufbahn sollte die Hochschulreife sein. Vor Jahren wurde von englischen Wissenschaftern die Hochschulreife dahingehend definiert, dass es gilt, die Fähigkeiten Logik, Rhetorik, Grammatik, Schätzen und Kritikfähigkeit zu beherrschen. Die Logik wäre also nicht nur durch Mathematik- und Lateinunterricht zu schulen, sondern auch durch Schach- oder Go-Spiel. Die Rhetorik wird mehr und mehr eingesetzt werden müssen, sowohl in der Mutter- als auch in der Fremdsprache. Die Technik wird uns in der Fremdschreibe überholen und es wird nötiger denn je sein, die Grammatik der Sprachen zu beherrschen. Sie ist Training für die Merkfähigkeit und die Ausdrucksfähigkeit. Es sei an die 15 Wissenschaftsgebiete

der Antike bis ins Mittelalter erinnert, in denen die Grammatiklehre als Zwingstiefel der Denkkultur trainiert wurde.
8. Sowohl die Kritikfähigkeit als auch das Schätzen-Lernen werden in der modernen Welt der Informationsüberflutung immer wichtiger. Dies gilt im sozialen Bereich für die Tragweitenabschätzung ebenso wie für Wahrscheinlichkeitsabschätzungen, um Realitäten erkennen zu können. Die Kritikfähigkeit wird in der Welt der Informationselektronik nur dann sinnvoll eingesetzt werden können, wenn man angeleitet wird, aus Hunderten von elektronisch übermittelten Antworten die richtigen herauszufiltern.
9. Zwei wesentliche Denkkriterien einer modernen Schule müssen die Vermittlung von Assoziations- und Antizipationsfähigkeit sein.
Die *Assoziationsfähigkeit* beinhaltet eine möglichst reiche Variabilität des Denkens mit unterschiedlichsten Lösungsmöglichkeiten bis hin zu scheinbar »verrückten« (sic der Psychiater!); schließlich ist ungewöhnliche Assoziation verantwortlich für Kreativität.
Auch die *Antizipationsfähigkeit* ist zu schulen, also das Kind an Vorstellungen des Vorausdenkens heranzuführen, um zu erkennen: »Wenn ich das tue, dann hat es dies zur Folge«, also Einsicht in Vorkommnisse zu gewinnen und dann auch nach dieser Einsicht zu handeln. Dies wäre eine Schulung und Erziehung zum Präventionsgedanken, der sich im gesundheitlichen Bereich mit der Körperlichkeit beschäftigt, im intellektuellen Bereich geweckt wird, um vorauszudenken, im emotionalen Bereich, um der Unfähigkeit vorzubeugen, in eigenen und fremden Gefühlen lesen zu können, und schließlich in der Sozialisation, um Mitmenschlichkeit und Gemeinschaftsgefühl zu fördern.

Im letzten Kapitel soll dann die Zusammenschau des Erfolgserlebnisses »Lebensraum Schule« dargestellt werden, auf dass kreative Köpfe unter den Lehrplanaufbereitern und den neuen Verantwortlichen der pädagogischen Hochschulen sich mit Schul- und anderen sich zuständig fühlenden Pädagogen zusammensetzen. Sie sollen ein Brainstorming betreiben, bei dem nicht die Schule mit ausschließlich ihren Verantwortlichen alleine denkt, sondern in Toleranz auch andere kenntnisreiche Menschen und Wissenschafter in die Schulplanung mit eingebunden werden.

Räumliche Gestaltung der Schule

Über ein Drittel der kindlichen und jugendlichen Lebenszeit verbringt man im Lebensraum Schule. Dies ist ein Ort des Lehrens und des Lernens, der gesellschaftlichen Begegnung, der Sozialisation, des Umgangs mit Autoritäten. Es ist auch eine Zeit, in der Streit- und Konfliktkultur ebenso erlernt werden sollte wie Versöhnungskultur.

Der Lebensraum bedarf daher einer speziellen Architektonik und Ausgestaltung, die über Jahrzehnte in unserem Land vielfach sträflich vernachlässigt wurde. Dies muss in aller Deutlichkeit ausgesprochen werden. Wöchentlich kann man Berichte über bauliche Mängel an Schulgebäuden lesen. In nur wenigen kommunalen Bereichen wurden die Gebäude und deren Ausstattung so vernachlässigt wie im Schulsektor. Sehr viele der Gebäude stammen aus der Zeit der Wende vom 19. zum 20. Jahrhundert. Manche entsprechen ja im Ambiente sogar Juwelen der Jugendstilzeit mit wunderschönen Terrakottastiegenhäusern, viele sind aber baufällig in der Fassade wie auch im Innenraum. Einer modernen Bildungsstätte, die Wissen und Kultur vermitteln soll, entsprechen nur wenige. Kaum jemand würde in einer derart veralteten Wohnumgebung leben wollen.

Die Forderung nach einer grundsätzlichen Umgestaltung des Lebensraums Schule kann daher nur heißen, eine möglichst zeitgemäße Anpassung an modernen Lebensstil. Dazu gehört in erster Linie ein *Raumluxus*. Eine moderne Wohnraumgestaltung orientiert sich an Kubatur, Licht, entsprechender Energienutzung, Funktionalität und Ästhetik. Geht man davon aus, dass die Schule als Lebensraum auch den künftigen Lebensstil der Schüler mitprägt, kann nur eine Anpassung an modernes Ambiente und Technik gefordert werden. Gegenwärtig bedrücken die Raumenge, sehr häufig abgewohntes Mobiliar und der Mangel an kindgerechten Auslaufmöglichkeiten. Nicht zufällig werden weiterhin in manchen Schulen sogar noch Sitzpausen verordnet, da zu wenig Bewegungsraum geboten werden kann.

Betrachtet man das Entree einer Schule, erinnern die Eingangsräume häufig an vorkriegsähnliche Beengtheit mit wenig Licht und einer Düsternis, die sich aufs Gemüt schlägt. Die Raumstruktur dieser Schulen erinnert mehr an Verliese, in denen die zum Unterricht Verurteilten ihre Zeit »absitzen« müssen. Im Eingangsbereich vieler Schulen fühlt man sich um Jahrzehnte zurückversetzt. Aufgrund mangelnder Lüftungsmöglichkeiten prägt der Geruch von Alltagsstaub, Turnsaalmief, Kreidestaub und unsauberen Toilettenanlagen längst vergessene Erinnerungen.

Daneben gibt es selbstverständlich bereits hypermoderne, gleichsam Herzeigeschulen, aber selbst in diesen hat man aus Sicht des Autors viel zu wenig der Benutzer gedacht.

Viele der Schulklassen sind aufgrund der Schülerzahlen zu klein dimensioniert. Die Räume, in denen sich die Lehrkräfte zwischen den Unterrichtszeiten aufhalten, also die Lehrerzimmer, beschränken sich für den einzelnen Lehrer manchmal auf einen beengten Schreibtischplatz. Die Direktionskanzleien, Verwaltungsräume und Kustodiate entsprechen nicht moderner Ausgestaltung von Kommunikationsräumen. Und Kommunikationsräume, die Orte für nötige Gruppendynamik sein sollten, sind oft gar nicht existent. In vielen Schulen fehlen praktische Garderoben und Hygieneräume, die sich nicht nur auf Toiletteräume beschränken dürfen, sondern selbstverständlich auch Duschräume umfassen müssen.

Gerade im Hygienebereich muss offene Kritik geübt werden. Viele der Toilettenanlagen sind zahlenmäßig zu gering angelegt, viele sind weder für Lehrer noch für Kinder entsprechend konzipiert. So sind immer noch Toilettekabinen mit Türen ausgestattet, die nur ein Sichtverdeck sind. Dies ist ein Zustand, der gerade pubertierenden Jugendlichen massiv zu schaffen macht und der notwendigen Intimität nicht Rechnung trägt. Der immer wiederkehrenden Erklärung, dies wäre aus Sicherheitsgründen notwendig, ist zu entgegnen, dass mit einem Generalsicherheitsschlüssel zur Not jede Toilettekabine zu öffnen ist. Viele der installierten Waschbecken sind zu klein, hygienisches Händetrockenpapier ist häufig Mangelware, bisweilen auch das Toilettenpapier. Jahrelang konnte man von Lehrern hören, dass aufgrund von beengter Budgetsituation in Kellerräumen der Schule tonnenweise Toilettenpapier gehortet werde, damit man bei weiteren Engpässen »das nächste Jahr durchkommt«.

Duschräume, wie sie in jedem Sportverein Selbstverständlichkeit sind, fehlen häufig und sind in jeder Schule einzurichten. Auch in diesem Bereich ist auf das Entwicklungsalter von Kindern und Jugendlichen Bedacht zu nehmen. In bestimmten Entwicklungsphasen haben Kinder und Jugendliche einfach die altersgemäße Scheu, nicht gemeinsam zu duschen. Dies erfordert, ausreichend sichtgeschützte Duschkabinen zu errichten. Diese Notwendigkeit wird umso dringender, als Gesamt- und Ganztagsschulen eine entsprechende Ausstattung des Alltagslebens erfordern.

Schule braucht Freiräume – im wahrsten Sinne des Wortes – im Freien. Sportanlagen ertüchtigen den jungen Menschen, und in vielen Ländern und Nationen wird der Sport gleichrangig mit den sonstigen Unterrichtsgegenständen gewertet. Nicht das diskriminierende lateinische Wort »*mens sana in corpore sano*«, also ein gesunder Geist wohnt in einem gesunden Körper, soll Leitlinie sein. Es gilt vielmehr die Ganzheitsbetrachtung, wobei der Individualität des Menschen Aufmerksamkeit zu schenken ist. Vielleicht kann man sich beispielhaft die weltweit beachteten Paraolympics zum Vorbild nehmen, die gleichauf mit den Wettkämpfen körperlich gesunder Menschen betrachtet werden.

Schulen brauchen körperliche Frei- und Bewegungsräume. Als Anregung möge dienen, dass bei Mangel an entsprechenden Sport- und Bewegungsräumen zumindest mehrmals im Laufe eines Schulalltages routinemäßig isometrische Übungen angeboten werden sollten. Schulärzte seien aufgefordert, sich auch um die Bedingungen des Sportes und der körperlichen Ertüchtigung zu kümmern. Und Lehrkräften sei durchaus angeraten, sich an solchen Übungen gemeinsam mit ihren Schülern zu beteiligen und auf diese Weise Gesundheitsprävention vorzuleben.

Ein weiteres Wort sei zur Ausstattung des Klassenraums gestattet. Sowohl von Orthopäden als auch von Ergonomen wird nunmehr bereits seit Jahrzehnten auf die Notwendigkeit eines entsprechenden Mobiliars hingewiesen. Wenngleich die alten Schulbänke historischem Inventar entsprechen, wird weiterhin nicht auf die Individualität von Schülern Rücksicht genommen, dass allein die unterschiedliche Körpergröße eines Kindes ein entsprechendes individuelles Mobiliar erfordert. Kollektivbestellungen für eine ganze Generation von Achtjährigen sprechen einer solchen Forderung Hohn. In Hinkunft ist zu hoffen, dass von Architekten, Innenarchitekten und Schulmöbeldesignern in Absprache mit dem pädagogischen Personal Einrichtungen gemäß den Erfordernissen der Schüler gestaltet werden und nicht die Sparwut vorherrscht.

Die moderne Schule benötigt elektronische Medien nicht als Luxus, sie sind auch nicht als Überfluss einzustufen. Besonders herausgestrichen seien alle elektronischen Kommunikationsmedien, besonders die Sprachlaboratorien, die mit bestmöglichen Programmen ausgestaltet sein müssen. Dies ist für Schüler und Lehrer unabdingbar, da die Globalisierung die Selbstverständlichkeit der Bedienung dieser Medien erfordert.

Zielvorgaben
1. Die Planung von Um- und Neubauten von Schulen muss bedarfsorientierter vorgenommen werden. Dazu gehören vorgegebene Klassenräume, die auf die Schülerzahl abgestimmt sind, mit altersentsprechender Möblierung und individuellen Veränderungsmöglichkeiten, angepasst an den jeweiligen Unterrichtsgegenstand.

2. Eine moderne Schule benötigt neben den Klassen ausreichend Aufenthaltsräume für Freizeit und Spiel.
3. Die Lehrerzimmer dürfen nicht auf einen Arbeitsplatz beschränkt bleiben, sondern sind auch als Kommunikations- und Diskussionsräume zu gestalten.
4. Für die Kunsterziehung ist ein entsprechendes Raumangebot pro Schule einzuplanen, um die Kunstrichtungen von Musik und bildender Kunst werkstattgerecht vermitteln zu können.
5. Die Sporteinrichtungen im Inneren sowie die Außenanlagen in allen Schulen sind so zu gestalten, dass dem Sport erkennbar der ihm zukommende Stellenwert im Sinne der Gesundheitsprävention eingeräumt wird.

Die drei Akteure der Schule: Lehrer – Eltern – Schüler

Lehrer

Ein Konzeptbuch über Schule hat den Lehrer in den Blickpunkt zu rücken. Natürlich gibt es nicht »den Lehrer«, sondern nur den Lehrberuf, unterschieden nach VolksschullehrerInnen, HauptschullehrerInnen, vielleicht eines Tages GesamtschullehrerInnen, MittelschullehrerInnen, GymnasiallehrerInnen, LehrerInnen an berufsbildenden Schulen der unterschiedlichsten Art, BerufsschullehrerInnen ... und sicher sind dabei einige Untergruppierungen des reinen Lehrberufs nicht aufgezählt. Daneben BeratungslehrerInnen, BegleitlehrerInnen, StützlehrerInnen, FremdsprachenlehrerInnen, ReligionslehrerInnen, psychagogische BetreuerInnen ... und wiederum mangelt es zweifellos an der Vollständigkeit, ohne eine Untergruppierung diskriminieren zu wollen.

Jeder Mensch, der den Lehrberuf ergreift, hat eine klare Vorstellung von seinem Berufsbild. Dies wurde ihm ja bereits in der Schule in unterschiedlicher Ausprägung vermittelt. Der Lehrer hat aber auch eine bestimmte Vorstellung von seinen persönlichen Idealen und Ideologien.

Ich erinnere mich an eine Volksschullehrerin in den frühen fünfziger Jahren des vergangenen Jahrhunderts, die grundsätzlich nur Knabenklassen und diese nur im ersten Jahrgang unterrichtete. Sie sah ihre Aufgabe in diesem ersten Schuljahr in der Vorbereitung der Buben auf die folgenden Schuljahre, von denen sie wollte, dass »ihre Kinder« sie bestmöglich bewältigten.

Auch erinnere ich mich, wie viele Männer noch in der Nachkriegszeit des Zweiten Weltkriegs den Beruf des Lehrers angestrebt haben. Heute sind Männer in der Grundstufe kaum mehr zu finden, obwohl sie so wichtig (!) wären. Da gab es den Volksschullehrer, der es sich im ländlichen Raum zur Aufgabe gemacht hat, neben dem Basisstoff auch anderes zu vermitteln: einen Schulgarten anzulegen, ein Alpinum, ein paar Kinder lernten bei ihm Violine-Spielen – und er war ein gern gesehener Schiedsrichter am Fußballplatz in der Freizeit.

Ist das nostalgische Verklärung?

Ist leben zu lehren auf den Schulplan und die Schulstunden reduziert oder verbirgt sich hinter dem Wunsch, Grundschullehrer zu werden, Lebenslehrer zu sein?

Aber wie ist es unter einen Hut zu bringen, leben zu lehren und daneben die Grundfertigkeiten des Lesens, Schreibens und Rechnens unter Bedingungen der Alltagsbewältigung zu unterrichten? Wie war das doch in des Autors Erinnerung, dass eine Lehrkraft sehr stolz war, den Kindern frühzeitig Achtung vor der Natur und eine gewisse »grüne« Ideologie nahezubringen? So wussten die Kinder bereits der zweiten Volksschulklasse über den CO-Ausstoß (!) der Kraftfahrzeuge und über die Vergiftung des Wassers Bescheid oder warum man Zigarettenkippen nicht in die Toilette spülen darf.

Wie sah es bei diesen Kindern mit der ebenso notwendigen Vermittlung der Rechtschreibung aus? Solche unterschiedlichen Beispiele sind Herausforderung zur Diskussion. Wo setzt man in Zukunft welche Wertewelt an? In Form eines kurzen Exkurses soll hier zu Beziehungen, zum Aufbau von Beziehungsstrukturen und zu Bezugssystemen Stellung genommen werden.

Exkurs

Jeder Mensch wächst in unserem Kulturkreis nach seiner Geburt in einer, nennen wir es, Beziehungsstruktur 1. Ordnung auf. Es ist dies die Beziehung zu den Eltern, Geschwistern, nächsten Verwandten, hoffentlich aufgebaut auf Wärme, Liebe, Herzlichkeit und Fürsorge. Und sollten Eltern nicht zur Verfügung stehen, so hat die soziale Zivilgesellschaft Gesetzesgrundlagen geschaffen, die die

Jugendwohlfahrt zu erfüllen hat. Pflegeeltern, allfällige Adoptiveltern oder eine kollektive Erziehung in Wohngemeinschaften unterschiedlichster Strukturierung erfüllen dann diese Bedürfnisse.

Diese Beziehungsstruktur 1. Ordnung wird ergänzt durch die Beziehungsstrukturen 2. Ordnung. Beim Hinaustreten des Kindes in eine neue soziale Welt außerhalb der Primärfamilie – sei es Kindergarten, sei es Schule, sei es Berufsausbildung und Studium – bis zur Erreichung beruflicher Kompetenz. Diese vielfältigen Beziehungsstrukturen amalgamieren, werden also untrennbar verbunden und gestalten einen Teil unserer Persönlichkeitsprofile. Mit dieser individuellen Struktur treten wir nun in unseren Beruf ein und sind unverwechselbar, aber in Konfrontation mit anderen Menschen, die völlig andere Vorerfahrungen in der Beziehungsstruktur 1. und in der sich entwickelnden Beziehungsstruktur 2. Ordnung haben. Nun muss eine Bezugsstruktur hergestellt werden. Diese ist von alten Erinnerungen, Erlebnissen so stark geprägt, dass Phänomene von Sympathie, Empathie, Übertragungen und Gegenübertragungen Platz greifen.

Eine Lebensgeschichte aus dem außerschulischen Bereich, aus Datenschutzgründen ein wenig verfremdet, mag Einsicht bringen:

> Ein Ehepaar sucht bei einer Adoptionsstelle um die Adoption eines Kindes an. Die Eltern wurden für die Adoption für zu alt erklärt, obwohl die adoptionswillige Mutter durchaus noch im empfängnisfähigen Alter stand. Über Interventionen schaffte es das Ehepaar doch, in die nähere Auswahl genommen zu werden. Eine junge Sozialarbeiterin prüfte streng die Kriterien des Ehepaares, des sozialen Umfeldes, die finanzielle Lage, und kam zu dem Schluss, dass man im gegebenen Fall eine Ausnahme machen sollte und diesem Ehepaar durchaus ein Kind überantworten könnte. Sie schrieb dies in einem sehr optimistisch gehaltenen Bericht an ihre Vorgesetzte, die diesen Bericht zur Kenntnis nahm, als Kommentar aber nur das Wort »ab-

gelehnt« daneben schrieb. Im Zuge der nun folgenden Recherchen stellte sich folgende Beziehungsstruktur heraus:

Die junge Sozialarbeiterin war selbst ein Adoptivkind und in sehr liebevoller Umgebung, allerdings in finanziell ärmlicher Situation aufgewachsen. Sie verstand ihren Beruf als Berufung, sich die Weitergabe des ihr gebotenen Wohls im Rahmen der Jugendwohlfahrt zur Lebensaufgabe zu machen. Demgegenüber saß die ablehnende Beamtin, unverheiratet, kinderlos, und begründete auf Anfrage die Ablehnung damit, dass »in solch einer Atmosphäre die Kinder luxusverwahrlosen würden«.

Ein kurzer Blick auf die Beziehungs- und Bezugsstrukturen erfordert wohl keinen Kommentar.

Die wichtige soziale Funktion der Volksschullehrer

Gerade was in den Beziehungsstrukturen 2. Ordnung im Sozialisationsfaktor Schule von den Lehrern geleistet werden muss, kann nicht deutlich genug herausgestrichen werden. Die Begegnung mit dem ersten Lehrer, der ersten Lehrerin der eigenen Schulzeit ist eine Begegnung mit einer Person, der das Kind ein extrem hohes Maß an Vertrauen entgegenbringt. Das Kind kommt mit einer Erwartungshaltung in die Schule, die von Neugier, aber auch von innerer Spannung geprägt ist. Diese erste Lehrkraft kommt auf ihr unbekannte Kinder zu, deren Namen, Herkunft, soziales Milieu, Familienstruktur ihr weitgehend unbekannt sind und die es gilt, in relativ kurzer Zeit zu erfassen. Es mag schon wichtig sein, Kinder sehr frühzeitig zu fordern, dass sie sich viel merken mögen. Man bedenke auch die Strapazen der Merkfähigkeit der Lehrkraft.

Reflektieren wir einmal, was sich eine noch so gut vorbereitete Lehrkraft einer ersten Klasse alles merken muss. Sie soll die Namen der Kinder nicht verwechseln; sie soll den Sitzplan im Kopf haben; sie soll die Eltern freundlich begrüßen und die jeweiligen Eltern den Kindern zuordnen können; sie soll Kompetenz ausstrahlen und auch Authentizität; sie soll vor allem klare Richtlinien vermitteln und die

Eltern in ihrer Erziehungsarbeit ermutigen; sie soll sich vor den Eltern nicht fürchten, aber auch kein Misstrauen vermitteln. Ja, es ist für die Lehrerin oder den Lehrer schon eine Herausforderung, diese erste Schuleingangsphase. Schließlich muss man ja auch berücksichtigen, dass jede Lehrkraft neben ihrem schulischen Tun auch private Anforderungen wie die eigene Familie, eigene Freude und Sorgen hat. Vielleicht hat sie gegenwärtig keinen vertrauten Ansprechpartner und möglicherweise, besonders in den ersten Unterrichtsjahren, hat sie einfach Angst, sich etwas aufzuerlegen, was sie sich *so* nicht vorgestellt hat.

Und da sind dann die vielen Unterrichtsmethoden.

Was hat der Autor in seinem Leben nicht alles erlebt? Nur in großer Blockbuchstabenschrift, später dann auch in »Heinzelmännchenschrift« und in »lateinischer« Schrift schreiben zu lernen. Die Kurrentschrift war als Schönschrift zu lernen, aber auch zu lesen. Und beim »Schönschreiben« gab es, sehr ähnlich den Übungen, die heute im Legasthenietraining verwendet werden, fünfzeilige Heftseiten, mit Oberlängen, Unterlängen, Bäuchlein rechts und Bäuchlein links zu schreiben. Kleine Gedichte wurden kollektiv in der Klasse gelernt und aufgesagt und zunächst gemeinsam und dann alleine wiederholt. Das Lernen mit der Kugelrechenmaschine, die Mengenlehre und vieles mehr. Die Methoden ändern sich und werden sich ändern. Hinter all diesen didaktischen Methoden war aber jeweils eine bestimmte gerade gültige Ideologie verborgen.

Im Grundschulbereich sollte man sich bemühen, dem Kind optimal entgegenzukommen und die Lehrer zu stärken, wie und was in der beiderseitigen Beziehungsstruktur dem Kind individuell am besten entspricht. Dies muss vor allem emotional und sozial gesehen werden.

Es sei auch beachtet, in welche ideologischen Diskussionen unsere VolksschullehrerInnen ge- und verkommen sind.

Für und Wider von Benotung und verbaler Beschreibung

Ob es eine Beurteilung in Form von Noten oder in Form einer Beschreibung geben soll, wurde überlegt. Dabei handelt es sich um keinen Konflikt mit parteipolitischem Hintergrund. Es war der immer wiederkehrende Versuch, Kindern allfällige Ängste vor den Noten, vor den Eltern, aber auch vor den Lehrern zu nehmen.

Das Fazit eines Psychotherapeuten lautet, dass es völlig gleichgültig ist, ob man die Notenskala von 1 bis 5 nummerisch verteilt oder ob man Beschreibungen gibt, da der Lehrkraft in kurzer Zeit die Variablen an Adjektiven und Adverben ausgehen und 1 in kurzer Zeit bedeutet: »Du hast fleißig gearbeitet«, 3 bedeutet: »Du musst dich mehr bemühen«, usw. Und es bleibt der Fantasie überlassen, welche Sprüchlein für die verbleibenden Ziffern immer und immer wieder er- oder entmutigend eingesetzt werden.

> In einer Schulkonferenz wurde einmal die Frage gestellt: »Wem gibt der Lehrer Noten?« Unisono erklärte die versammelte Lehrerschaft: »Natürlich den Schülern.« Auf die Frage, ob dies wirklich die alleinige Antwort sei, machte sich ein gewisses fragendes Erstaunen im Raum breit. Auf den Hinweis, dass es auch sein könnte, dass Lehrer die Eltern benoten, gab es fassungsloses Kopfschütteln. Häufig ist zu hören, dass Eltern oder Nachhilfelehrer bei der Lernarbeit benötigt würden. Aber ist es denn nicht ebenso häufig so, dass leistungsorientierte Eltern mit ihren Kindern vorlernen und versuchen, statt des Kindes zu lernen, und die Kinder zum übertriebenen Trainieren und Üben anstiften?
>
> Es sei daran erinnert, dass in den Zielvorgaben der Schule unter anderem der Satz steht, dass das im Unterricht *Gelehrte* und *Gelernte* in den Hausaufgaben vertieft und geübt werden solle. Zynisch betrachtet ist dies der neoliberalen Wirtschaft abgeschaut: Rohmaterial wird vorgegeben, außerhäuslich bearbeitet und produziert und schließlich zur Produktüberprüfung und Qualitätssicherung wieder ins Vorgabewerk entsandt.

Bei der zitierten Lehrerkonferenz stellte sich schließlich die Frage, ob es auch möglich wäre, dass der Lehrer sich pro Kind sein eigenes Zeugnis ausstellt.

Als Universitätslehrer werde ich regelmäßig in meinen Vorlesungen von den Studenten evaluiert. Das heißt, ich bekomme von allen Hörern immer sehr differenzierte »Benotungen«, die sich in Ranking-Punkten niederschlagen. Eines Tages sanken die Noten für mich, nachdem sie über viele Semester sehr zufriedenstellend gewesen waren, um 0,2 Prozentpunkte ab. Was war geschehen? Aufgrund massiver Umstellungen an der Universität und den damit verbundenen Sitzungen, Diskussionen und Strukturänderungen hatte ich als Vortragender es an Konzentration und Vorbereitungsarbeit mangeln lassen. Die Ursache lag also nicht bei den Studenten, sondern in der eigenen Unzulänglichkeit.

Zum Abschluss dieser Überlegungen: Noten wären auch grundsätzlich abschaffbar und man könnte sich stattdessen an der Erreichung des Lehrzieles »bestanden« orientieren. Statt einer Negativnote könnte es etwa heißen: »Das Ziel wurde nicht erreicht« und/oder: »An der Erreichung des Zieles muss in Zukunft nochmals und intensiver gearbeitet werden«.

Wird die Ausbildung der Lehrer deren Aufgaben gerecht?

Schenken wir den LehrerInnen der Volksschule nochmals unsere besondere Aufmerksamkeit. Sie sind für viele Aufgaben, die man der Schule zuordnet, nicht hinreichend vorbereitet. Lehrpläne, Stundentafeln, definierte Lernziele mit den schon angeführten jeweiligen trendigen Vorgaben, das alles beherrschen VolksschullehrerInnen nahezu bestmöglich. Im Unterschied zu anderen Lehrergruppen sind sie im Berufsvergleich sozial deutlich besser und in der Bevölkerung höher eingestuft.

Aber wie sind die Bedingungen für die LehrerInnen bezüglich ihrer Erziehungskompetenz in ihrer Ausbildung gestaltet?

Wie bereits ausgeführt, sollen Bildung und Erziehung Aufgabe und Ziel der Schule sein. Wie kommt man diesen Zielen nahe, bei einer sich ständig extrem rasch verändernden sozialen Struktur?

Wie soll eine Lehrkraft z. B. in ihrem fünften Lebensjahrzehnt mit den gesellschaftlichen Phänomenen der letzten zehn Jahre erzieherisch umgehen? Wo kann sie dies kompetent erlernen?

Nehmen wir das Beispiel der Scheidungen und der daraus resultierenden Patchwork-Familien, die nahezu genealogische Höchstleistungen im Hinblick auf die familiäre Zuordnung verlangen. Wer hat mit wem welche Kinder, in welcher Familienstruktur? Meine Kinder, deine Kinder, unserer Kinder sind längst kein seltenes Phänomen mehr. Es gibt oftmals acht statt vier Großeltern. Das ist keine Seltenheit mehr. Und welche Bindungsstrukturen weist das Kind in welcher Form auf? Es ist oft nur mehr mit Mühe durchschaubar.

Hinzu kommt die eigene Lehrerfamilie, die möglicherweise ähnliche Beziehungsphänomene aufweist und ihrerseits unterschiedliche Lösungsmechanismen zur Aufrechterhaltung von Beziehungsstrukturen geprobt, durchgeführt, verändert hat oder für ungünstig verwarf. Hat eine Lehrerin z. B. eine Lösung mit ihrem geschiedenen Mann gefunden, die Kinder zeitmäßig »halbe-halbe« aufzuteilen, stellt sich für Eltern ihrer Schüler die Frage, ob sich dies empfiehlt. Aus der Sicht eines Sachverständigen für Pflegschaftsfragen wäre diese Lösung z. B. nicht als optimal einzustufen.

Erfüllt ein finanzkräftiger Vater, der am Ende als »Gewinner« aus einem Rosenkrieg hervorgeht, die Kriterien des gesetzlich geforderten Kindeswohls, wenn er sich rund um die Uhr eine Kinderfrau leistet, oder delegiert er seine Obsorgepflicht? Die emotionale Beziehung wird sich auf das Kind wegen des Abschiebens der realen Verantwortung sicher problematisch auswirken. Wie wird es der finanziell schlechter gestellten Mutter, die zusätzlich depressiv auf den Rosenkrieg reagiert, in der Beziehung gehen? Sie wird Außenhilfe benötigen. Wird sie die erhalten? Vielleicht werden die Lehrerin und das nunmehr durch Scheidung anders sozialisierte Kind auf sehr komplexe soziale Vorurteile stoßen.

Noch deutlich schwieriger ist die Situation für Kinder aus den unterschiedlichen Ethnien, die nicht einfach als »fremdsprachig« oder »Ausländerkinder« bezeichnet werden dürfen. Dass diese Kinder höchst verschiedene kulturelle Hintergründe haben, ist uns bewusst, in einer multikulturellen Gesellschaft ist darüber aber sehr häufig nicht hinreichend Kenntnis vorhanden. Manchmal ist eine solche auch nicht vordergründig zu vermitteln und schafft soziale Kommunikationsprobleme, die einfach nicht beiseite geschoben werden dürfen.

Vielleicht lohnt ein Vergleich mit einem Blick auf die Ethik eines permanent ge- und überforderten Umgangs mit Patienten im medizinischen Versorgungsbereich.

Nicht nur, dass in bestimmten Ethnien jeweils ein Großteil des Familienclans eine Spitalsambulanz aufsucht, sie misstrauen auch Dolmetschern und verlangen geschlechtsspezifische ärztliche Berufsangehörige.

Oft sind es die kleinen Kulturwesenseigentümlichkeiten, die zu beachten sind. Wie man einander begegnet, wem man die Hand reicht und vor wem man sich verneigt. Man muss wissen, wie man einen Sitzplatz anbietet, wie Ranghierarchien einzustufen sind und wie man Menschen mit anderer Hautfarbe, Religion in Toleranz oder einfach ihren Gebräuchen gemäß begegnet.

Tragen LehrerInnen in ihren Schulkalendern die hohen Festtage der jüdischen, der islamischen Kinder ein? Oder jener Kinder, die aus China oder Japan stammen? Kennen wir denn die jährlich unterschiedlichen Wochen des Ramadan und wissen wir um die den Eltern und ihren Kindern damit auferlegten Probleme?

Diese sozialen und religiösen Lebensstile seien deshalb angesprochen, weil man sehr leicht verleitet ist, von den Kindern aus den »ehemals jugoslawischen« Ländern zu sprechen, und die Ethnien viel zu wenig differenziert und meist im Kollektiv von »den Balkanstaaten« spricht. Andererseits wird als großer Volksgruppe von »den« Türken gesprochen und viel zu wenig ausdifferenziert, wo deren Probleme untereinander im Gesamtkollektiv, vor allem auch aus historischen Gründen, unaufgearbeitet geblieben sind.

All das Andiskutierte sollte ein/e GrundschullehrerIn beherrschen, um eine multikulturelle, tolerante Zusammenführung zu erwirken. Daneben soll die Sprachkompetenz der Kinder gestärkt werden. Resignation oder Überforderung machen sich da verständlicherweise breit. Dieser Forderung gemäß wird der Ruf laut, früher mit der Schule zu beginnen und wenigstens einen Minimalkonsens zu erfüllen. Zum Schuleintritt mit sechs Jahren soll die Landessprache selbstverständlich bestmöglich beherrscht werden. Dies wäre ein guter und erwünschter Ansatz, ist aber vielleicht nicht immer der optimale. Im Kapitel über die Kinder wird darauf nochmals spezifischer eingegangen werden.

Was sollte nun ein/e LehrerIn grundsätzlich alles können?
Neben der Beherrschung ihrer inhaltlichen und didaktischen Berufsaufgaben sollte er/sie Entwicklungspsychologie, Tiefenpsychologie, Gruppendynamik, Familiendynamik, Heilpädagogik, Sonderpädagogik, ein wenig Soziologie und am besten auch noch Ethymologie in Basiskenntnis beherrschen, um die Schüler ganzheitlich zu erfassen und zu verstehen – also nahezu ein Universalgenie sein!

Von der Grund- in die Sekundarstufe
Mit dem Übertritt in die Sekundarstufe der Schule ändert sich das Schülerleben grundsätzlich. Die nun das Kind erwartenden LehrerInnen haben sehr unterschiedliche Vorstellungen darüber, was in den letzten vier Jahren einen Schüler in welcher Ausprägung gestaltet haben sollte. Es sind zum Teil sehr hoch gesteckte Erwartungen von Seiten der nachfolgenden Schulen, was vor allem die Grundfertigkeiten eines Schülers anbelangt. Es wird erwartet, dass die Rechtschreibung weitgehend klaglos funktioniert und dass die Fähigkeit entwickelt wurde, einfache Aufsätze zu schreiben und sich *altersad-*

äquat auszudrücken. Selbstverständlich wird erwartet, dass die vier Grundrechnungsarten in Form von Schlussrechnungen beherrscht werden. Dazu kommen noch eine ganze Fülle von Fähigkeiten und Fertigkeiten des Schüleralltagslebens, die einen neuen Lehrstil erlauben. Im Sinne der Vertiefung der einzelnen Fachdisziplinen stehen nun Fachlehrkräfte zur Verfügung, die in abwechselnder Reihenfolge ihren *Spezialunterricht* vermitteln und das auch wollen.

Die übertretenden Schüler sind alltagsschulerprobt, jedoch von der neuen Lebens- und Lehrform, vor allem in der Didaktik, höchst überrascht. Die persönliche Bindung an die Volksschullehrkraft muss weichen und übergeführt werden in die wechselnde Beziehungsstruktur zu Menschen, die in unterschiedlichen Klassen ihren Gegenstand vor Schülern unterschiedlicher Entwicklungsstufen zu unterrichten haben. Das Lehrziel ist schließlich so weit genormt und festgelegt, dass Schüler mit durchschnittlicher Begabung auf den Umstieg ins Berufsleben vorbereitet werden sollen bzw. begabte Schüler darauf, die sogenannte höhere Schullaufbahn bis zur Matura zu schaffen. Völlig unabhängig von aktuellen politischen Diskussionen kann das Ziel nur lauten – und dies sei in einem kategorischen Imperativ ausgedrückt: Nötig ist es, einen basismäßigen *common trunk* (gemeinsame Grundbildung) zu erreichen.

Darunter ist zu verstehen, dass ein Kulturland – und Österreich versteht sich als ein solches – ganz besonders in der Sekundarstufe Bildung zu vermitteln hat. Bildung basiert vor allem auf Allgemeinbildung, die uns im Wettbewerb der Gesellschaft, der Wirtschaft und der internationalen Sozialisation immer zum Vorteil gereichte. Es ist notwendig, Grundfertigkeiten in rasch abrufbarem Wissen, in Kenntnisfähigkeiten und in den Fähigkeiten, diese umzusetzen, zu erreichen. Gedankliche Vernetzungsfähigkeiten und die schon beschriebene Assoziationsbefähigung ergeben aus Kenntnis vieler Wissensbereiche – die Bildung.

Dies ist also eine permanente Herausforderung für Lehrkräfte der

Sekundarstufe, die ebenso wie schon die VolksschullehrerInnen der Bildung und Erziehung gesetzlich verpflichtet sind.

Die Lehrkraft hat nun, vor allem in der neuen Schulstruktur, die Kinder in der Phase der Vorpubertät zu lenken und zu steuern und den Zehn- und Elfjährigen die neuen Lernformen zu vermitteln. Es ist für dieselbe Lehrkraft eine nahezu unbewältigbare Aufgabe, die beginnende Pubertät und die Hochblüte der Pubertät ihrer Schüler entsprechend zu steuern und ihrer Aufgabe gerecht zu werden. Kein Lebensalter eines Schülers ist problematischer als jenes der Pubertät.

Über Lehrstoff und Lehrmethoden

Geht man nochmals etwas spezifischer auf die Übergangszeit von der Volksschule in die zweite Schulstufe ein, so gilt es zu bedenken, dass im gegenwärtigen Schulsystem der Lehr- und Lernstoff zwischen dem zehnten und dem achtzehnten bzw. neunzehnten Lebensjahr in seinem gesamten Inhalt, vor allem in den Realien, einmal in den ersten vier Jahren unterrichtet wird und dann ein zweites Mal zwischen der achten und der zwölften Schulstufe. Aus der Sicht des Autors ist das einfach eine Vergeudung von Zeitressourcen. Eine entsprechende Bündelung zwischen einem Basiswissen und einem Bildungsziel muss so gestaltet sein, dass man in vielen Bereichen mit dem *einmaligen inhaltlichen* Lehrangebot das Auslangen zu finden hat. Dieser Umstand verlangt eine heute EU-weit geforderte Zertifizierung zwecks Bündelung von Zeitressourcen.

Man nehme das Beispiel von der Urgeschichte bis zur Neuzeit, ein Lehr- und Bildungsstoff, dessen Inhalt so gerafft werden könnte, dass für den dritten Schullebensabschnitt der Fünfzehn- bis Neunzehnjährigen sehr viel Zeit für ausschließlich spezifische Vertiefungen bliebe.

Ein Schulunterricht für Zehn- bis Vierzehnjährige muss auf deren lebensaltertypisches intellektuelles Vermögen abgestimmt werden. Es bedarf z. B. der Erkenntnis, dass in dieser Zeit nicht nur der pubertäre körperliche Gestaltzerfall einsetzen wird, sondern auch ein intellektueller Umbau, der sich traditionell in Leistungsproblemen niederschlägt. Wer hindert Bildungsexperten daran, endlich nach entwicklungs- und kognitionspsychologischen Erkenntnissen vorzugehen und in diese Zeit, in der noch real-konkretes Lernen dominieren sollte, nicht abstrakte Denkaufgaben einzubauen und deren Lösung zu verlangen? Warum ist es nicht möglich, das in diesem vorpubertären und pubertären Lebensalter besonders wichtige praktische Wissen auf die vorherrschende Neugier abgestimmt sehr real praktikabel vernetzt anzubieten? Dem Schüler würde der lebenspraktische Nutzen des angebotenen Stoffes klar werden. Man könnte sich auch die Antwort auf die Fragen nach dem »Wozu brauche ich das?« ersparen, wenn sich Lehrverantwortliche immer wieder selbst die Frage stellten, wozu ein Schüler in seinem künftigen Leben ein bestimmtes Basiswissen benötigt.

Jeder Fachbereichsexperte möge sich auf die Sinnhaftigkeit und Wichtigkeit seines eigenen Wissensstoffes besinnen und tatsächliche Lernstoffe und damit das Lernpensum der Schüler reduzieren. Dies wird seit Generationen zwar immer wieder versprochen, es liegt aber in der Egomanie, dass das eigene Fachgebiet jeweils als das für das Leben des Schülers wichtigste erachtet wird, und so wurde bislang kaum auf Lehr- und Lerninhalte verzichtet. Die oftmals geäußerte Devise, wichtig sei es, Fragen formulieren zu können, um sie mit entsprechenden technischen Hilfsmitteln lösen zu können, bietet nunmehr völlig neue Möglichkeiten. Oft hört man zwar den Hinweis, »man müsse nur wissen, wo man suchen muss«, dies will aber auch gelehrt werden und wäre keineswegs vergeudete Zeit.

> Als Fachmann für kinderpsychiatrische Fragestellungen wurden vom Autor in die Suchmaschine Wikipedia drei Begriffe aus einem speziellen Bereich eingegeben, in dem er wissenschaftlich gearbeitet hat. Die vorgefundenen Antworten bargen eine Fülle von Fehlern, Fehlinformationen und Irrtümern in sich. Dabei wäre es durchaus

> möglich gewesen, einfache, richtige und für den Laien trotzdem verständliche Erklärungen fachgerecht aufzubereiten. Wer hilft also dem Suchenden, so stellt sich in der Mediengesellschaft die Frage, Richtiges von Falschem, Spreu von Weizen trennen zu können? Dabei wird es immer wichtiger, zu entsprechender Kritikfähigkeit zu erziehen. Auch die Fähigkeit, einzuschätzen und Wahrscheinlichkeiten zu prüfen, wird trainiert werden müssen.

Zehnjährige sind heute durchaus imstande, mit allen elektronischen Medien umzugehen. Wichtig ist, diese jungen Menschen nicht einfach kritiklos diese Wege zu lehren, nur weil alles schnell gehen soll, in Wahrheit müssen korrekte Suchprozesse manchmal mühsam durchwandert werden; vor allem muss vermittelt werden, dass nur Vergleiche »sicher« machen. Ein Zeitfaktor wird in Hinkunft mit einzukalkulieren sein. Anders ausgedrückt, die permanente Zeitübertaktung wird zu reduzieren sein. Stress bedeutet, in vorgegebener Zeit viel zu viel Information und Leistung hineinzupacken. Es ist aber auch möglich, sinnvoll vorgegebene Leistungsanforderung in immer kürzerer Zeitvorgabe bewältigen zu müssen.

Zehn- bis Zwölfjährige sind fasziniert von der Welt des Wissens, sie wollen forschen. Forschen will gelehrt werden. Dazu sind alte Spielregeln notwendig und auch erlernbar: Vor allem gilt es, kritisch zu sein, eine These aufzustellen, dieser gegenüber eine Antithese zu entwickeln, aus dieser Position heraus Hypothesen zu formulieren und dieselben nachfolgend zu verifizieren bzw. zu falsifizieren. Wer dieses Denkmodell einmal erlernt hat, wird Fragestellungen neu entdecken, mit diesen experimentieren, sich in rhetorische Konkurrenz begeben und damit seinen Wissensstand deutlich erweitern. Außer im frühkindlichen Warum-Frage-Alter gibt es kein kindliches Lebensalter, das so sehr auf permanentes Fragen ausgerichtet ist wie jenes der Vorpubertät und der nachfolgenden Pubertät.

Aber auch fragen will gelernt sein. Es ist unstatthaft, Kindern und Jugendlichen zu erklären, etwas wäre eine »gute Frage«. Es gibt keine »guten und schlechten Fragen«, da dies den Fragenden herabwürdigen würde. Die Frage an sich beweist den Wissensdurst des Fragenden, er verdient für seine Fragen kein Gespött. Gerade in der sensiblen Gemütslage des Pubertierenden erstickt man Fragen, wenn man den Fragenden geringschätzt, ihn dem Klassengespött aussetzt und sich in inadäquater Weise über ihn lustig macht. Auf diese Weise wird der Fragende für lange Zeit verstummen, sein Selbstwertgefühl wird sinken und er wird seine Neugier infolge zu hohen Risikos einstellen.

Lehrkräfte, gleichgültig welcher Schulform, haben die Aufgabe, Kinder ermutigend durch dieses schwierige Lebensalter zu begleiten. Wer eigene Kinder hat, kann die Probleme ermessen.

Zehn- bis Zwölfjährige sind begeisterungsfähig, wobei dies weniger am Stoffgebiet als vielmehr an der Persönlichkeit des vermittelnden Lehrers liegt. Dabei sind Begeisterungsfähigkeit wie auch Authentizität der Lehrperson wichtige Faktoren. Ein Lehrer, der keine Spannung aufbauen kann, wird als langweilig betrachtet und läuft schon allein dadurch Gefahr, rasch zum Gespött zu werden. Wird er dies, so verhärtet sich sein Charakter und aus ihm muss zwangsläufig ein schlechter Lehrer werden. Ein Lehrer, der nicht authentisch ist, wird immer unglaubwürdig bleiben. Daher wird er angezweifelt und wird keine natürliche Autorität aufbauen können. Authentizität hat ein wenig mit persönlichem Exhibitionismus zu tun. Dies bedeutet nicht, dass man als Lehrer alles und jedes aus seinem persönlichen Leben kundtun und preisgeben muss, im Hinblick auf Lehrinhalte ist es aber um der Glaubwürdigkeit willen notwendig, individuell Stellung zu beziehen und zu argumentieren. Dazu wiederum ein Beispiel:

> Der Autor hat in seiner Schulzeit in seinem Geschichtsunterricht kaum etwas über das dramatische Jahr 1934 unserer Geschichte gehört. Das eigene Wissen stammt aus Familiengesprächen, Büchern, Gesprächen mit Menschen sehr gegensätzlicher po-

litischer Orientierung, Diskussionen mit kenntnisreichen Menschen, die Stellung bezogen haben, und aus vielen Dokumentationen. Was wäre wohl gewesen, hätte der zuständige Geschichtsprofessor eine für ihn persönliche und individuell authentische Erklärung zu den tragischen Schicksalsereignissen gegeben?

Österreich ist ein demokratisches Land. Es erlaubt eine Parteienvielfalt, und ein geschichtlicher Rückblick in einer demokratischen Schule muss im Sinne der politischen Bildung auch die Achtung vor dem Andersdenkenden vermitteln. Was wäre also gewesen, wäre eine Generation nach den Ereignissen, unter Aufbietung eines Maßes an Toleranz, eine klare Deklarierung für die eine oder andere Position vermittelt worden? Die Glaubwürdigkeit der Toleranz wäre gestiegen, die Achtung vor dem Lehrer, dass er sich nicht herumdrückt, wäre gegeben gewesen und ein lebendiges Bild von politischer Zivilcourage hätte Anstoß gegeben, in der Suche nach und dem kritischen Hinterfragen von Ideologien einen Schritt weiterzukommen.

Gerade solche Beispiele, provokativ angestoßen, fordern sehr rasch Widerstand heraus. Von dem einen als richtig Erkanntes wird den anderen zu Widerstand aufrufen. Solche Diskussionen erfordern *political correctness*. Der Lehrer ist aufgerufen, Für und Wider mit konkreten Diskussionsangeboten zu initiieren. Diskussionskultur heißt nicht Konflikt- und Streitkultur. Wie eingangs erwähnt, soll mit diesem Buch ein Maß von utopischen Ideen Anstoß zum Nachdenken und zu massiven Änderungen geben.

Die Pubertät aus der Sicht des Lehrers
Der Übergang eines Schülers in die Pubertät erschwert die Arbeit des Lehrers. Es wäre nötig, die Lehrbücher im Hinblick auf die Entwicklung von Kindern und Jugendlichen umzuschreiben.
- Wie wäre es, so mag einmal in die Diskussion eingeworfen werden, würde ein Psychologieunterricht in der sechsten und siebenten Schulstufe eingerichtet?

- Wie wäre es, würde Pädagogik in jenem Lebensalter nahegebracht, das spöttisch als das Alter bezeichnet wird, in dem die *Eltern schwierig* werden?
- Wie wäre es, würde Kommunikationstraining in genau der Lebensphase zur Unterrichtseinheit erhoben, in der traditionell Schüchternheit in ganz schneller Abfolge mit Rüpelhaftigkeit Probleme macht? Warum wird in der Lehrverantwortlichkeit dem Gruppendynamiktraining wie auch der Konflikt- und Streitkultur sowie der nachfolgenden Versöhnungskultur kein Raum gegeben?
- Was hindert die Verantwortlichen, die Kraft des Kreativen für die Persönlichkeitsbildung einzusetzen?
- Und wo bleibt der lebensnahe Bezug, in diesem Lebensalter Fremdsprachen alltagsrelevant zu vermitteln statt – wie so häufig – durch jene zum Teil antiquierte Literatur, die die Jugendlichen nicht interessiert? In welchen Schulen wird *Harry Potter* in der Originalsprache gelesen und dann diskutiert?
- Warum gibt es eine so deutliche Diskrepanz zwischen Schülerinteressen im Alltag und den oft lebensunangepassten Schulforderungen?

Warum das alles so großes Interesse nach sich ziehen sollte? Gerade die Kulturbedürfnisse der Jugendlichen sind sozialpädagogisch, psychologisch, aber auch literarisch hochinteressant zu erfüllen.

Diese Beispiele werden wieder einen Aufschrei all jener nach sich ziehen, die dem ohnedies Beachtung schenken. Die Alltagserfahrung zeigt aber, dass diese lobenswerten Lehrkräfte in der Minderheit sind. Und somit ergeht es dem Autor wie einem Kanzelprediger, der vor jenen, die seiner Predigt folgen, das Fehlverhalten von Menschen an den Pranger stellt, die selbst er gar nicht erreicht, weil sie nicht in seine Kirche kommen.

Was macht der Lehrer mit folgender Entwicklung des Kindes?
Die Pubertät verändert nicht nur die körperlich sichtbaren Merkmale von Größe, primären und sekundären Geschlechtsmerkmalen, sondern es kommt auch zu einem Gestaltzerfall im intellektuellen Bereich. Im kognitiven Bereich lassen Konzentration und Aufmerksamkeit deutlich nach. Die Merkfähigkeit ist erschwert, das Alt- und Neugedächtnis leidet unter neuen Sinnesverarbeitungen, und die Erinnerungsfähigkeit schwankt ebenso wie die Flexibilität des Denkens. Der Jugendliche wirkt blockiert, sein Antrieb und die Stimmung beginnen sich gleichsam im Karussell zu drehen, wobei sich die Richtung offensichtlich unvermutet abrupt ändert. Die Kommunikationsfähigkeit wird rüpelhaft, Aggression wechselt mit Apathie, die mangelnde Tragweitenabschätzung, in der Kommunikation jemanden zu verletzen, weicht bisweilen einem massiven Anlehnungsbedürfnis. Die Ablösung aus dem Elternhaus und damit der Versuch, intime Distanz zu den nächsten Angehörigen zu gewinnen, führt zur Verunsicherung. Das steht im zeitlichen Gleichschritt zu vorsichtiger intimer Annäherung in außerfamiliären Beziehungen.

Dieses gesamte Chaos wird sowohl von der biologischen Veränderung als auch von der altersmäßigen Sozialisation vorgegeben und daneben, da gibt es *auch noch* die Schule. Diese legt Leistungskataloge vor, definiert Ziele, fordert punktgenaue Prüfungstermine und stellt sich selbst zur Aufgabe, junge Menschen erfolgreich durch die kritischste Phase ihres Lebens zu begleiten. Oft sind nicht nur die Eltern, sondern auch die Lehrer von dieser Krise des Lebens hoffnungslos überfordert.

Die Veränderungen der Pubertierenden sind für Lehrer abrupt und in der Vielfalt der Schüler unabschätzbar. Die individuelle Ausprägung führt zu Hilflosigkeit und Ängsten des Lehrers.

Den Lehrern, die Begleiter und verständnisvolle Helfer dieser Entwicklungsphase sein sollen, werden viel zu wenig Begleitmaßnahmen geboten. Oft höre ich die mahnenden Worte: »Wir müssen sie ja für das Leben vorbereiten«; »Im Leben wird einem auch nichts geschenkt«; »Termingerechtes Arbeiten ist unabdingbar«; »Netzwerkarbeit und Teamgeist bestimmen heute die Wirtschaft«; und und und ...

Nichts davon kann in diesem Lebensalter der Pubertät nach dem Wunsch der fordernden Erwachsenenwelt gelebt werden. Der Pubertierende lebt von einem Tag zum nächsten. Planung wird als ein Konzept »der Alten« abgetan. Hauptsache, es kommt der nächste Tag, den man überleben muss. Und dann gibt es natürlich einige wenige Ausnahmeerscheinungen. Seit jeher werden Kinder, die all diese vorher beschriebenen Schwierigkeiten nur im geringen Ausmaße haben, der übrigen großen, breiten Masse von Schülern als Vorbilder vorgehalten, sowohl von den Lehrern als auch von den Eltern. Beide, Eltern und Lehrer, orientieren sich an diesen wenigen Ausnahmeerscheinungen von Schülern und erheben sie zu idolisierten Standards. Die Vorbilder werden daher von vielen Jugendlichen abgelehnt und sie verspüren das als Ausgrenzung. Als Stichwort mag gelten »Streber«.

Lehrer sind in dieser Phase oft verzweifelt und stöhnen im Konferenzzimmer: »Jetzt muss ich wieder in die Vierte gehen!« Traditionell gilt genau diese Vierte als die schwierigste Klasse der Schule. Ihre sogenannten Streiche werden als Bösartigkeit gedeutet und Frustration bei den Lehrern, weil »nichts weitergeht«, macht sich breit. Drohgebärden von Seiten der Lehrer, man werde am Ende des Jahres schon sehen, wer »wohin gehen kann«, und ein vergiftetes Sozialklima mit oft eklatanten Stimmungsreaktionen, auch von Seiten der Schüler, werden in einem eigenen Kapitel »Psychopathologie der Schüler« dargestellt werden.

Gibt es nun Rezepte für Lehrkräfte?

Das einfachste und scheinbar primitivste Rezept ist eine Rückschau auf die eigene Phase der Pubertät. Gehörte der Lehrer zu jenen vorher genannten exzellenten Ausnahmeschülern, dann möge er dieses Kapitel überspringen. Er kann aber auch in sich gehen und reflektieren, um als Beispiel über der Norm zu stehen. Alle anderen, die unsere Schule durchschnittlich geschafft haben und die Hochs und Tiefs der Pubertät durchlaufen haben, mögen an Folgendes erinnert werden: Da war die altersmäßige sprichwörtliche Humorlosigkeit, die extreme Empfindlichkeit, die ungestüme Rüpelhaftigkeit. Wenn es schon nicht die eigene gewesen sein mag, so doch die der Mitschüler. Wie war es doch damals mit den Versagensängsten, den Zukunftsängsten und dem Gefühl, alles hinhauen zu wollen, da man ohnehin nicht von den Erwachsenen verstanden wurde?

Ein zweiter Ratschlag möge jener der gegenseitigen Begegnung sein. Auch für die Pubertät gilt: Wie man in den Wald hineinruft, so hallt es zurück. In der Begegnung mit Menschen kommt es stark auf eine Individualisierung an. Die scheinbar kollektiv abgehandelten pubertären Umstellungen haben ja auch eine Individualvariante. Probleme der Familien und oftmals schicksalsbedingte Dramen liegen vor und erschweren und erweitern das typische Bild der Pubertät um weitere Facetten.

Und noch ein weiterer Ratschlag: Jeder Druck erzeugt Gegendruck, und gegen einen kollektiven Gegendruck einer Schulklasse wird die Einzelperson Lehrer machtlos. Hier nützen weder Drohungen noch Strafen durch Notengebung, vergeblich sind Verweise aus der Klasse bis hin zur Suspendierung. Auch übliche Vorladungen der Eltern sind wenig erfolgreich, da das Kollektiv grundsätzlich stärker als die Einzelperson ist. Ziel muss es vielmehr sein, mit gruppendynamischem Geschick nicht zu splitten, um Ruhe in den Klassenverband zu bringen. Gefragt ist, mit ermutigender Offenheit vor die Schulklasse hinzutreten und auch die eigene Befindlichkeit zu äußern, um gruppendynamische Kooperation zu erarbeiten. Dafür wird schon einmal Zeit geopfert werden müssen, vielleicht auch vier oder fünf Unterrichtseinheiten, über deren Verlust ob des Lehrplans nicht gejammert werden darf. Konstruktives Klima in einer Klasse lässt diese verlorene Zeit rasch aufholen und ist für die soziale Entwicklung der Schüler wichtig.

Eine große Gefahr birgt allerdings auch eine »Verbrüderung« mit

Schülern in sich. Ein solcher Vorgang wird rasch als Schwäche des Lehrers und seiner mangelnden Autorität enttarnt. Er führt in weiterer Folge, sollte der Lehrer auch in den nächsten Jahren einzelne Schüler aus einer früheren Klassengemeinschaft weiter unterrichten müssen, zum Phänomen: Die Erinnerung dieses einzelnen Schülers erwirkt das Kippen des gesamten Kollektivs einer Klasse, nämlich der nächsten Klasse.

Oft hört man über das Aufatmen von Lehrern, wenn sie eine besonders schwierige Klasse »endlich« losgeworden sind. Gerade diese Lehrer sind aufgerufen, sich einer sehr kritischen Selbstreflexion zu unterziehen, um ausfindig zu machen, ob und wann möglicherweise der Keim zu diesen Schwierigkeiten genau in dieser Klasse gelegt worden war. Supervisionsseminare oder Lehrer-Balint-Gruppen eignen sich bestens zu dieser Reflexion und dürfen niemals als Eingeständnis persönlicher Insuffizienz gelten. Den reflektierenden Lehrern gebührt im Gegenteil die Achtung vor der Ehrlichkeit und ihrem eigenen Bemühen, künftig nicht mehr in solche Situationen hineinzugeraten.

Viele Lehrer übergeben die Kinder nach der achten Schulstufe in die Verantwortung der nächsten Lehrer. Sie fürchten oft, ganz ähnlich wie die Volksschullehrer: »Welche Nachrede werde ich haben?« Lehrer von Schülern, die die Schule verlassen, sollten mit diesen in ausreichend gebotener Zeit über die Zukunft reden und was sie in der nächsten Lebensphase erwarten wird. So gelingt es den Schülern und ihren Lehrern oft, das letzte Jahr, manchmal sogar die letzten Jahre gemeinsam zu reflektieren und Zukunftseinsichten zu erarbeiten. Zum Erstaunen vieler Lehrer ist diese Reflexionsbilanz, trotz der vermeintlichen Schwierigkeiten in letzter Zeit, gar nicht so negativ, wie sie selbst befürchten. Kinder haben ein sehr gutes Langzeitgedächtnis und erinnern sich sehr wohl an die guten Phasen, Ereignisse und Erlebnisse, die sie mit einer Lehrkraft verbracht haben.

Kooperation zwischen Lehrern und Eltern
Dies mag als Beispiel dafür gelten, wie die Achse Eltern, Kinder und deren Lehrer funktionieren sollte.

Da bemüht sich eine Schule, sehr interessante Elternabende zu gestalten. Es wird Propaganda für ein Thema gemacht, es werden Vortragende eingeladen, jedoch zeigt die Erfahrung: Die Anzahl der Erscheinenden ist oft gering. Dafür kann man unterschiedliche Hypothesen zur Erklärung heranziehen.

Die erste wäre: Die Eltern sind zu wenig interessiert. Eine zweite Variante wäre: Das Thema ist nicht interessant genug. Eine weitere Variante wäre: Wir als Eltern kommen, allerdings nicht die Lehrkräfte, mit denen man dann aber öffentlich diskutieren könnte. Wiederum eine andere Variante wäre: Die Eltern wollen nicht wie Schüler behandelt werden. Dies ist eine Gefahr, deren sich Lehrer oft nicht bewusst sind. Es wäre aber auch möglich, dass die Themen an den Wünschen und Bedürfnissen der Eltern vorbeigingen und nur von Seiten der Lehrer als wichtig erachtet wurde, welcher Inhalt den Eltern zur Erleichterung ihres Lehreralltags angeboten wurde.

Zuletzt wage ich auch Kritik an den Vortragenden zu üben. Da ich selber durch vier Jahrzehnte Elternabende als Vortragender gestaltet und mich auch der Diskussion und Kritik gestellt habe, wage ich eine Bilanz über Vortragende zu ziehen. Für diese gelten nämlich gleiche Anforderungen wie für Lehrer: Spannung aufbauen, offen und ehrlich, in guter, freier Rede Inhalte vermitteln, auch berechtigte Kritik an Systemen üben, sich selbst in Kritik dabei nicht ausschließen und sich nachfolgend einer Diskussion stellen. In dieser soll der Vortragende als Moderator fungieren, sodass zwischen Eltern und Lehrern und manchmal auch anwesenden Schülern in geordneten Bahnen durchaus kontrovers diskutiert werden kann. Vielleicht wäre manchmal Mediationsfähigkeit angebracht. Diese allerdings mit Zivilcourage, um kontroversielle Standpunkte aufzuzeigen.

Die Umsetzung des oftmals geforderten Begriffs einer »Elternschule« täte not, löst bei vielen Eltern allerdings ein Unbehagen aus, da sie in Erinnerung an ihre eigene Schulzeit nicht mehr »belehrt« werden wollen. Dem ist nur Abhilfe zu schaffen, wenn in Schulen Diskussionsrunden entwickelt werden, in denen auf jene Themen eingegangen wird, die die Eltern interessieren. Elternvereine sollten klar formuliert die Themen vorgeben, die interessieren, und auch Vorschläge machen, wer eingeladen werden sollte, um aktuelle und brennende Fragen zu bearbeiten. Auch alle Lehrkräfte sollten zu diesen Vorträgen eingeladen werden, um die Diskussionsprozesse oder sich eventuell abzeichnende Konflikte frühzeitig einer Lösung zuführen zu können.

Der Lehrberuf verleitet, einen bestimmten spezifisch qualifizierten Ton anzuschlagen, der sich häufig zwar bei Schülern bewährt, von Eltern aber als herablassend qualifiziert wird, was einen Mangel an Kommunikation auf gleicher Augenhöhe bedeutet. Diese Kritik sei erlaubt, wenn man als Psychotherapeut vielfachen, immer wieder gleichlautenden Beschwerden von Eltern folgen darf.

Oft fürchten Eltern, dass bei Kritik an Lehrpersonen bei diesen Reaktionen ausgelöst werden könnten, die dem eigenen Kind schaden. Dass dies nicht nur eine Hypothese ist, haben mich die Erfahrung in der Klinikambulanz AKH und die Praxis des Kinder- und Jugendpsychiaters leider über Jahrzehnte gelehrt.

Die Frage der richtigen Schulwahl

War es bei Schuleintritt nahezu logisch und verständlich, dass nicht alle Kinder bei Erreichen des sechsten Lebensjahres gleich reif sind – dem wurde durch die Schuleingangsphase über zwei Jahre hinweg hinreichend Rechnung getragen –, so ist die Phase des Umstiegs von der Volksschule in die nächsthöhere Schulstufe eine zeitliche Problemzone. Die Noten der vierten Klasse Volksschule entscheiden bereits sehr wesentlich über den künftigen schulischen Lebensweg. Dies möge in Hinkunft deutlicher beachtet werden. Nach der achten Schulstufe steht neuerlich eine das Schicksal bestimmende Entscheidung an, ob etwa ein Polytechnischer Lehrgang, eine weiterführende Schule wie z. B. die Handelsschule, eine allgemeinbildende oder eine berufsbildende höhere Schule besucht wird.

Diese Entscheidung kann nur in ermutigender Kooperation von Lehrkräften, Eltern und den nunmehr mit eingeschlossenen Schülern erfolgen und wiegt umso schwerer, als es bei Erkenntnis der bisherigen Schullaufbahn häufig zu sehr unterschiedlichen Einschätzungen zwischen Lehrkräften und Eltern kommt. Eltern sind gerne geneigt, eine ungünstige Prognose der Lehrkräfte in Abrede zu stellen, da sie ihr Kind mit optimalen Chancen ausgestattet sehen wollen, und sind durch spätere Misserfolge oft schwer enttäuscht. Schullaufbahnprognosen lassen sich nur schwer testpsychologisch prognostizieren. Das Feststellen von Begabungsschwerpunkten, Teilleistungsstärken wie auch -schwächen kann in der Schullaufbahnberatung helfen. Es muss aber klar und eindeutig dem Konsens des Lehrkörperratschlags der Vorzug gegeben werden. Dies auch dann, wenn diese Entscheidung in eine schwierige Entwicklungsphase, nämlich in die der Pubertät, fällt und eventuell enttäuscht.

Lehrer des Polytechnischen Lehrgangs haben eine der schwierigsten Aufgaben im Gesamtschulbetrieb zu leisten. Sie bekommen schließlich aus den unterschiedlichsten Schulen Pubertierende, die häufig auch verschiedensten Ethnien entstammen. Meist haben diese Schüler keine konkreten Vorstellungen für ihr weiteres Leben. Sie stehen häufig gemeinsam mit ihren Eltern auf dem Standpunkt, es sei nur noch ein »unnötiges Schuljahr abzudienen«, und sind vielfach aufgrund ihrer bisherigen Schulmisserfolge wenig motiviert.

Die Einführung des Polytechnischen Lehrgangs war eine große schulische Errungenschaft, um genau in jener Zeitspanne – vor allem nach der Hauptschule, zum Teil aber auch der allgemeinen Sonderschule – den Weg zur Berufssuche zu bahnen und, engagiert, eine Berufsvorbereitung einzuleiten. Dazu war es notwendig geworden, Lehrpläne zu gestalten, die dem Jugendlichen dieses Lebensalters eine Vielfalt von Berufseinsichten vermitteln. Außerdem sollten bisher vorhandene Defizite für die nachfolgende Berufsschule, aber auch für den künftigen Arbeitsprozess behoben werden. Ziel war es auch, zu versuchen, verbesserte Teamfähigkeit zu erzielen.

Der Polytechnische Lehrgang hat aus Sicht des Autors leider nie jenes Prestige erreicht, das ihm gebührt hätte. Die Lehrpläne wurden immer und immer wieder optimiert und waren gerade vom Gedanken der Neugier auf die praktische Lebenserfahrung getragen gewesen. Infolge des Trends – vor allem im städtischen Raum –, höhere Schulen zu besuchen, und wegen eines nicht gerade optimalen Rufes dieses Schultyps des Polytechnischen Lehrgangs sind viele Eltern ausgewichen und haben ihre Kinder in zwei und drei Jahre dauernde Nachfolgeschulen geschickt. Viele Kinder haben dann diese Schulen nur ein Jahr besucht, um dem Polytechnischen Lehrgang auszuweichen und die gesetzliche Schulpflicht zu absolvieren.

In die Polytechnischen Lehrgänge kamen aufgrund der Ethnienvielfalt in unserem Land auch viele Jugendliche mit biologisch höherem Alter. Damit kamen sie zwar in den Genuss einer angebotenen Schulbildung, waren aber zum Teil wenig motiviert, sich den üblichen schulischen Ordnungen und Prinzipien zu unterwerfen. Viele Fehlstunden, adoleszentes Fehlverhalten, sexuelle Übergriffe und Anpöbelungen gegenüber Schülerinnen, bisweilen massive Alkoholexzesse und ungebremste Aggressivität prägen somit den Schulalltag. Vor allem die Hilflosigkeit gegenüber den durch Aggressionsattacken geängstigten Mitschülern lassen Eltern für ihre Kinder häufig den Besuch des Polytechnischen Lehrgangs vermeiden.

Gerade die Jahrgänge der Vierzehn- bis Sechzehnjährigen sollten den Bildungs- und Sozialexperten massiv zu denken geben. Es lohnt sich, nachzudenken, ob und welche strukturellen Änderungen vielleicht doch möglich wären. Vielleicht könnte die Grundidee zu erfolgreichen neuen Höhen geführt werden, wenn es gelänge, das Jahr noch attraktiver zu gestalten. Gerade dieses Jahr könnte vor allem noch unreifen Schülern Nutzen bringen.

Die Gefahr des Scheiterns bei falscher Schulwahl
Wie bereits in diesem Kapitel vorab angedeutet, liegt eine extrem hohe Verantwortung bei den Lehrkörpern von vierten Klassen von Mittelschulen und Gymnasien. Vielleicht mag es etwas zu pointiert ausgedrückt sein, wenn der Autor behauptet, dass es doch wohl nicht anginge, nach dem Besuch von vier Klassen Oberstufe einer allgemein- oder berufsbildenden höheren Schule dann nicht mit einem Maturazeugnis abzuschließen. Hinter dieser bewusst polemischen Bemerkung steckt ein sozialwirtschaftliches, aber auch ein elterliches Kalkül.

Sozialwirtschaftlich sei darauf aufmerksam gemacht, dass gerade in den berufsbildenden höheren Schulen der Eintritt offensichtlich mittels Aufnahmsprüfungen relativ leicht gemacht wird. Dies ist oft eine große Hoffnung von Eltern und deren Kindern. Es finden Mittelschüler, Gymnasiasten und auch Hauptschüler Eingang in diese berufsbildenden Schulen.

Üblicherweise gelingt der erste Jahrgang meist notenbilanzmäßig gut, woraus Schüler und deren Eltern die Hoffnung ableiten, den vermeintlich richtig gewählten Schulzweig auch bewältigen zu können. Etwas schwieriger wird bereits der zweite Jahrgang, in dem die Anforderungen nunmehr fachspezifisch ansteigen, mittels Nachhilfe und entsprechender Unterstützung wird jedoch auch dieser Jahrgang notenmäßig geschafft. Nicht mehr ganz so erfolgreich wie im ersten Jahr, aber immer noch der Hoffnung anhängend, diese Schule werde zu schaffen sein. Das bittere Ende folgt sehr oft im dritten Jahrgang. In diesem steigt die Belastung von Theorie und Praxis in ungeahnte Höhen. Die Anforderungen umfassen sowohl den zeitlichen als auch den inhaltlichen Aufwand. Es bleibt in diesen dritten Jahrgängen kaum Freizeit oder zumindest die nötige Zeit, allfällig auftretende Konflikte bewältigen zu können. Solche Konflikte sind Familienkrisen, gepaart mit Leistungseinbußen, aber auch mit persönlichen, lebensaltertypischen Beziehungskrisen. Daraus abgeleitet ist eine nicht unbedeutende Zahl von Schülern von Klassenwiederholungen bedroht. Sie müssen wiederholen oder beenden frustriert gleich ihre schulische Laufbahn. Umstiege nach dem Versagen in dem zuletzt gewählten Schulzweig finden meist nicht statt. Zurück in die AHS, aus der sie häufig kommen, können sie kaum gehen. Es verbleibt ihnen somit als Schulabschluss das Zeugnis einer vierten Klasse Hauptschule oder AHS und ein Jahrgang zum Beleg, die Schulpflicht absolviert zu haben. Der Wechsel in eine allfällig mögliche Maturaschule findet wegen der Frustration des Schülers kaum mehr statt und das Ergreifen eines Lehrberufes wird sehr oft als innerfamiliäre Schande gewertet.

Kehren wir aber nochmals zur Ausgangsfrage zurück.

Die pädagogische Schullaufbahnberatung, die Lehrkräfte geben, sollte von den Eltern sehr ernst genommen und akzeptiert werden, um das aufgezeigte sozialwirtschaftliche Manko zu vermeiden. An dieser Stelle soll auch die Aufforderung abgegeben werden, dass es doch für die so dargestellten Schüler eventuell auch in unserem Land die Möglichkeit der Schaffung einer mittleren Reife geben sollte, wie es in der Bundesrepublik Deutschland üblich ist. Anlass zu dieser Anregung ergibt sich schließlich auch daraus, dass ein sehr hoher Prozentsatz von Lehrabschlussabsolventen nach Abdienung des ordentlichen Präsenzdienstes nicht mehr in ihren erlernten Beruf zurückkehren. Hier wird man ebenfalls sozialpolitisch nachdenken müssen, warum dies der Fall ist. Schließlich hat man in eine fachspezifische Berufsausbildung viel Kapital und humanes Engagement hineingesteckt. Es stellt sich schon die Frage, welche Berufsberatungen in unserem Land angeboten werden, wenn viele Berufsflüchtlinge aus ihrem erlernten Beruf abspringen. Auch die elterliche Situation sei angesprochen.

Der Autor hat hundertfach in Beratung und Therapie erlebt, dass Gymnasiasten manchmal unter Repetition einer oder zweier Schulklassen bis in die Abschlussklasse aufgestiegen sind, um schließlich am angestrebten Ziel der Matura zu scheitern. Es muss unverhohlen als Kritik gewertet werden, wenn man Bilanz zieht und den Vorwurf nicht verhehlt, dass die Unerreichbarkeit des Zieles der Matura aufgrund von Intelligenz und Leistungsbereitschaft früher erkannt hätte werden müssen. Zumindest ab der fünften Klasse Mittelschule, spätestens aber ab der sechsten Klasse wäre es verpflichtend, dem Schüler und dessen Eltern Klarheit zu geben. So gesehen darf ein junger Mensch mit achtzehn oder neunzehn Jahren nicht vor der Tatsache stehen, keinen Schulabschluss erreicht zu haben. Auch dieser Schüler hat wiederum nur jenen Abschluss der fünften Klasse Mittelschule vorzuweisen. Es mag schon in Einzelfällen einen Lern-, Leistungs- oder auch psychischen Zusammenbruch gegeben haben, dass in einer Maturaklasse das Ziel nicht erreicht wurde, dies ist aber aus jugendpsychiatrischer Erfahrung eher eine Seltenheit.

Auch aus diesem angeführten Grund sollte man für diese Schüler zumindest die mittlere Reife andenken, mit der möglicherweise zumindest ein Berufsschuljahr eingespart werden könnte. Im Hinblick auf die Schullaufbahnberatung sei selbstverständlich auch auf die positiv hilfreichen Dienste der Schulpsychologie verwiesen. In Kooperation von dieser mit dem Lehrkörper können Eltern Ratschläge vermittelt werden, die nicht unter dem Aspekt von Eigennutz oder politischer Lenkbarkeit stehen, sondern offen, klar und ehrlich Aufstiegs- und Zukunftschancen abwägen lassen. Eltern sei allerdings vermittelt, dass pädagogische und schulpsychologische Ratschläge niemals in Eigennutz der Beratenden geschehen.

Schließlich bleibt die Gruppe der Berufsschullehrer zu besprechen, die unser spezielles Augenmerk verdient. Berufsschullehrer sind besonders engagierte, in der Praxiserfahrung erprobte Lehrkräfte. Sie wissen bereits im ersten Lehrjahr um die variable Breite von Schülern von sehr unterschiedlichen Intelligenzniveaus. Sie kennen auch den jeweiligen Lehrberuf mit seinen differenzierten Schwierigkeiten, die sich vor allem auf die individuellen Fertigkeiten beziehen. Ein feinmotorisch ungeschickter männlicher Jugendlicher wird sich nicht zum Feinmechaniker und ein Mädchen mit Allergie gegen

Färbemittel nicht zur Friseurin eignen. Ein von schmächtigem Körperbau gestalteter Jugendlicher wird nicht am Bau oder als Stahldreher geeignet sein und leicht sehbehinderte Jugendliche werden schwer zum Optiker ausgebildet werden können. Berufsschullehrer haben aber eine Fülle von zum Teil jahrzehntelanger Erfahrung, aufgrund derer sie sehr frühzeitig das Für und Wider für den gewählten Lehrberuf beurteilen können. Auch ihnen sollte man in Achtung Gehör schenken und einer Beratung zum besten des Kindes folgen.

Die optimale Lehrerpersönlichkeit

Wie sieht also eine optimale Lehrerpersönlichkeit aus? Wie kann man sie in ihren Aufgaben stärken und fördern? Welche Aufgaben kommen auf einen Lehrer der Zukunft zu?

1. Es mag abgeschmackt klingen, aber Lehrer zu sein, bedeutet Berufung. Das heißt jungen Menschen begegnen zu wollen, sie in ihrem So-Sein anzunehmen, sie anleiten und in lebensaltertypisch behutsamen Schritten zu reifen Menschen heranführen zu wollen.
2. In der Begegnung mit dem Kind und dem Jugendlichen bedarf es immer einer individualspezifischen Kommunikation und einer Bereitschaft, einen Menschen primär anzunehmen, wie er ist. Das ist nötig, um ihm die Sicherheit zu geben, sich individuell entfalten zu dürfen. Das Durchsetzen von kollektiven Normen und dirigistischen Ideen kann nicht Ziel der Lehrer sein, sondern die Ermöglichung der Entfaltung und der Förderung der dem jungen Menschen innewohnenden Kräfte. Den Schülern ist ermutigend gleichsam Geburtshilfe zu bieten, wie es die antike griechische Lehre der Mäeutik angeboten hat. Es gilt, damit die normoplastischen Fähigkeiten zu fördern, also jene Kräfte, die aus ungünstigen Lebensbedingungen günstige schaffen. Und im Sinne der Kompensation von Schwächen sind auch die dem Menschen innewohnenden euplastischen Fähig-

keiten zu nützen. Das heißt Ungünstiges zu Gutem, ja sogar zu außergewöhnlich Gutem zu führen, zu unterstützen.
3. Der gute Lehrer nimmt ein Kind an, wie es ist. Er sucht die Teilleistungsstärken, um das Kind zu fördern, und registriert die Teilleistungsschwächen mit der Bereitschaft, Hilfe zu geben, diese zumindest kompensatorisch zu überwinden.
4. Ein guter Lehrer ist getragen von der Idee des Gemeinschaftsgefühls. Sein Ziel ist es, Kinder zu sozial denkenden, rücksichtsvollen, den anderen achtenden Menschen zu erziehen, um Hilfsbereitschaft unter Zurückstellung der egoistischen Ideen und in der Hilfe am Du zu ermöglichen.
5. Der gute Lehrer erlebt sich selbst als kreativer Peripathetiker (griechische Philosophen, die »ein Stück Weges zu der Erkenntnis« begleiteten) mit dem Eigennutz, stolz zu sein, eine ganze Generation von jungen Menschen zu wertvollen Einzelwesen und gemeinschaftsdenkenden Kosmopoliten zu erziehen. Dazu befähigen den guten Lehrer aufgrund seiner Ausbildung Toleranz, Nächstenliebe und Zivilcourage. Weiters befähigen ihn Einfallsreichtum und vor allem ein großes Maß an Antizipationsfähigkeit, nämlich Kinder anhand eigener Beispiele zu lehren, sinn- und planvoll vorauszudenken und Tragweiten abschätzen zu können, wie auch Assoziationsfähigkeit zu vermitteln. Das ist die Fähigkeit, eine Vielfalt von Lösungsvarianten anzubieten. Hinzu kommt, zu diesen auch zu ermutigen, um gleichsam im spielerischen Kontakt das Leben zu erproben.
6. Jeder Lehrer muss aufgerufen sein, Zukunftsvisionen zu haben, und davon überzeugt, sein »Leben lehren« zu wollen. Dazu braucht es ein hohes Maß an Engagement und auch Risikobereitschaft, die einen oder anderen Ideen, die nicht kollektiv elternkonform sind, zu vermitteln, die eigene Meinung auch konträr zu vertreten und vielleicht das eine oder andere Mal sehr »standhaft zu bleiben«. Erinnert sei: Wir leben in einer demokratischen Gesellschaft.

Viele Jahre wurde der Autor immer wieder darauf aufmerksam gemacht, dass »Lehrer mit einem Fuß im Kriminal stünden«. Dies führte zu einer Recherche in Wien, viele Jahre zurückliegend, wie gefährlich denn das Lehrerdasein tatsächlich sei. Auf Lehrerverurteilungen innerhalb eines Jahres bezogen, ergab sich folgendes Ergebnis:

- Ein Lehrer habe in Wien bei einem Schulausflug plötzlich im Wienerwald seine erste Hauptschulklasse verlassen, habe sich nicht mehr um dieselbe gekümmert und sei einfach nach Hause gefahren. Herumirrend fanden die Schüler schließlich den rechten Weg.
- Ein Lehrer hatte sich in dem zitierten Schuljahr sexuell an einer Schülerin vergangen und wurde demgemäß selbstverständlich rechtskräftig verurteilt.
- Ein weiterer Lehrer war während eines Schikurses schwer alkoholisiert, als sich während seiner Aufsichtspflicht zwei Schüler in einem Raufhandel verletzten.
- Eine Lehrerin misshandelte eine Schülerin körperlich, dies zog Verletzungsfolgen der Schülerin nach sich.

Fasst man die große Vielzahl der Lehrer-Schüler-Begegnungen zusammen, so kann diese Aufzählung nur als eine quantifizierte Minderheit gewertet werden, nämlich für die Lehrer, die angeblich immer »im Kriminal« stehen.

Die Beispiele mögen der Ermutigung dienen, als Lehrer nicht immer anzunehmen, dienstrechtlich gefährdet zu sein. Hingewiesen soll darauf werden, dass es unabhängig von strafrechtlich relevanten Vergehen, wie angeführt, wenig disziplinäre Verfolgungen gibt. Ermutigend soll eben der Eigeninitiative und der Aufforderung zum Probehandeln zugunsten der Kinder das Wort geredet werden. Pädagogisches Handeln erfordert manchmal Zivilcourage, die bei vernünftiger Überlegung und Abwägung Kindern hilft und deren Selbstbewusstsein stärkt.

7. Ein guter Lehrer wählt zu seiner permanenten Strukturverbes-

serung Maßnahmen von Supervision, begleitender Fortbildung, Seminare zur Optimierung eigener Fähigkeiten und Fertigkeiten. Ja, ein guter Lehrer scheut sich auch nicht, seine eigene Insuffizienz bisweilen einzubekennen, um durch Außenhilfe eine Optimierung seiner Befähigung zu schaffen.

Lebensraum Schule bietet auch Entwicklungs- und Gestaltungsraum für Lehrer. Und dieser ist von Lehrern zu fordern. Die politisch Verantwortlichen haben ihn zur Verfügung zu stellen und der Gestaltung freien Raum zu geben.

Der Raum ist allerdings auch anzunehmen, das heißt, er sollte tatsächlich und nachweisbar genützt werden.

Eltern

Die österreichischen Gesetze verlangen, dass jedes Kind, gleichgültig unter welchen sozialen Bedingungen es mit oder ohne Behinderung körperlicher, intellektueller, emotionaler oder sozialer Art gestaltet ist, nach rechtlich vorgegebenen Unterrichtsplänen beschult werden muss. Bewusst wird der Begriff Beschulung vermieden, da der Gesetzgeber durchaus auch Ausnahmen anerkennt, indem Kinder auch Alternativschulen besuchen – solche mit oder ohne Öffentlichkeitsrecht – und auch zum häuslichen Unterricht abgemeldet werden können. Bei all diesen Alternativmodellen ist – während der Pflichtschulzeit – eine alljährliche Leistungsüberprüfung gefordert, in der überprüft wird, ob der für das jeweilige Schuljahr festgelegte Wissensstoff ausreichend vermittelt und gelernt wurde und einer offiziellen Überprüfung standhält. Vollbringt das jeweilige Kind eine solche geforderte Leistung zur Zufriedenheit, kann es in gleicher Form weiter beschult werden. Erreicht das Kind das geforderte Ziel nicht, erhalten die Eltern die Auflage, ihr Kind dem staatlichen Regelunterricht zuzuführen.

Solange sich ein Kind in Pflege und Erziehung im vorschulischen Bereich im Elternhaus befindet, lastet die gesamte Erziehungsverantwortung auf den Eltern oder deren gesetzlichen Vertretern. Man denke in diesem Zusammenhang insbesondere auch an die Obsorgeverantwortung durch die Jugendwohlfahrt. Sollten Umstände vorliegen, dass ein Elternteil oder beide ihrer Obsorgeverpflichtung nicht hinreichend nachkommen können bzw. diese Fähigkeit den Eltern pflegschaftsbehördlich entzogen bzw. eingeschränkt wurde, ist die Jugendwohlfahrt für ein Kind in Pflege und Erziehung voll verantwortlich.

Vorbereitung auf den Schuleintritt

Mit dem gesetzlichen Schulantrittsalter stehen Eltern nun gleichsam am Prüfstand ihrer Erziehungskompetenz. Spätestens zum Zeitpunkt der Schuleinschreibung, einem gesetzlich definierten Termin, wird ein Kind unabhängig von einem vorgängigen Kindergartenbesuch auf seine Schulreife hin untersucht. Dabei werden körperliche Handicaps ebenso berücksichtigt wie die intellektuelle Schulreife, die emotionale Befindlichkeit und die dem Lebensalter entsprechende Sozialisation. Kinder aus Mehrkindfamilien fallen bei der Schuleinschreibung meist sozial positiver auf. Kinder, die einen regelmäßigen Kindergartenbesuch nachweisen können, sind ebenfalls sozial besser ausgestattet als isolierte Kinder, die mit wenig kindgerechten Kontakten als Einzelkinder herangewachsen sind.

Für die Eltern ist der schulische Einschreibungstermin häufig, besonders bei ihrem ersten Kind, ein persönlicher Prüfungstermin, ob die herkömmlichen, den gesellschaftlichen Normen entsprechenden Entwicklungserfordernisse ihres Kindes erfüllt worden sind. Eltern tun gut daran, die künftige Erwartungshaltung von Schule und Gesellschaft durch Vorbereitung des Kindes zu befriedigen. Dazu gehört, das Bild des künftigen Schulbesuches entsprechend positiv zu gestalten und ermutigend zu kommentieren. Alljährlich publizierte Sätze von Journalisten, dass für soundso viele Kinder nunmehr der »Ernst des Lebens« beginne, oder Aussagen von Eltern gegenüber dem Kind, dass man »dir dort die Wadl'n viererichten« bzw. dass man dich in der Schule »Mores lehren« werde, also die guten Sitten, stellen für das Kind eine ernste Bedrohung dar und werfen ein negatives Bild auf die Schule. Hinzu kommt, dass durch solche Äußerungen reale und diffuse Ängste entstehen, die häufig noch dadurch unterstrichen werden, dass die Schule bzw. die Lehrer von den Eltern gerne ächtlich gemacht und herabgewürdigt werden. Eine solche Vorgangsweise hat für das künftige Kindeswohl unbedingt zu unterbleiben.

Schule soll Kindern Freude bereiten, ihre Neugier befriedigen und soll zu einem positiven gesellschaftlichen Ereignis für das Kind werden. Schule soll auch im Sinne Oskar Spiels, eines individualpsychologischen Reformpädagogen der dreißiger Jahre des vergangenen Jahrhunderts, eine Arbeits-, eine Erlebnis- und Verwaltungsgemeinschaft sein. Es gilt, unter optimistisch pädagogischen Gesichtspunkten mit Führungsqualitäten auch Heiterkeit und Humor zuzulassen. Die Eltern sind grundsätzlich aufgerufen, dem Kind bereits zu Schulbeginn ihre Bereitschaft zu signalisieren, ihm zu helfen, es zu unterstützen und auf gute Kooperation mit den Lehrern ausgerichtet zu sein.

Bei der Vorbereitung auf die Einschulung sollen die Eltern darauf achten, dass sie jene Fertigkeiten des Kindes fördern, die es benötigt, um sozial von anderen Kindern anerkannt und akzeptiert zu werden. Dazu ist es erforderlich, die üblichen sozialen Umgangsformen zu beherrschen, und Eltern ebenso wie KindergärtnerInnen mögen die Worte Anna Freuds anlässlich des Festvortrages zur Eröffnung des nach ihr benannten Kindergartens in Wien in Erinnerung bleiben. Anna Freud sagte damals frei zitiert: »Glaubt den VolksschullehrerInnen nicht, wenn sie sagen, wir wollen nur Kinder in die Schule bekommen, die *nichts* können.« Und nach einer langen Atempause sagte sie dann: »Ist es denn nichts, ruhig im Sesselkreis sitzen bleiben zu können; ist es denn nichts, sich gemeinschaftlich und auch alleine beschäftigen zu können; ist es denn nichts, sprachlich und nicht sprachlich miteinander kommunizieren zu können; ist es denn nichts, seine Toilettenbedürfnisse kundzutun; ist es denn nichts, gelernt zu haben, Spielmaterial nach Abschluss des Spieles auch wieder wegzuräumen; ja ist es denn nichts, Wünsche und Bedürfnisse artikulieren zu können?«

All diese Dinge und Verhaltensweisen, die das Kind nicht nur im Kindergarten lernt, sondern auch durch das Elternhaus, sind nötig, um auf die großen Aufgaben des schulischen Lebens vorzubereiten. Eltern tun aber auch gut daran, wenn es erforderlich erscheint, mit der Schule und ihren Organen wie z. B. der Schulpsychologie regelmäßigen Kontakt zu halten. Eine solche Kommunikation hat gegenseitig wertschätzend abgeführt zu werden, da Eltern das höchste Gut, das sie besitzen, nämlich ihr Kind, jahraus, jahrein über viele Stunden, ja Jahre Menschen überlassen, denen sie vertrauensvoll begegnen können sollten.

Unterschiedliche Voraussetzungen beim Schuleintritt

Zum Zeitpunkt des Schuleintrittes können naturgemäß nicht alle Kinder »gleich« sein. Diese Ungleichheit bezieht sich unter anderem auf die *Reife im körperlichen Bereich*. Da gibt es die Schmächtigen und die Kräftigen, da gibt es Unterschiede in der Körpergröße und in der motorischen Geschicklichkeit. Die *intellektuelle Reife* wird zum Zeitpunkt der Schuleinschreibung ebenfalls große Differenzen aufweisen. Da wiederum gibt es die – durch ältere Geschwister schon – hoch motivierten und intellektuell reifen Kinder und jene, die in ihrer Denkfähigkeit noch wenig Selbstvertrauen haben. Auch kommen jene Kinder zur Schule, die altklug reden, und jene, die in ihrem sprachlichen Ausdruck hinter ihrer tatsächlichen Intelligenzausgestaltung vielleicht deutlich zurückgeblieben sind oder erscheinen. Es gibt *unterschiedliche Begabungen* von Kindern und Kinder mit Teilleistungsstärken und auch Teilleistungsschwächen. Im Laufe der Schulzeit wird sich die eine oder andere Schwäche ausmerzen lassen und umgekehrt werden Stärken zur Entfaltung gebracht werden können, wenn elterliche Unterstützung mit schulischem Bemühen um Optimalität verbunden wird. Mit Schulbeginn werden natürlich auch all jene Weichen gestellt, die schwächer begabten Kindern einen entsprechenden schulischen Lebensweg ermöglichen sollten.

Österreich darf stolz auf seine Schulorganisation sein: Schließlich hat nicht nur jedes Kind das Anrecht auf bestmögliche schulische Förderung, sondern dieses Recht lässt sich auch real verwirklichen. Dazu bedarf es allerdings des Vertrauens der Eltern in die Ratschläge der Schulverantwortlichen. Hier kann es manchmal schmerzhaft für Eltern und Kinder sein, wenn Eltern in bestgemeinter Absicht ihr Kind für einen schulischen Lebensweg vorbereiten wollen, der einfach vom Kind nicht geleistet werden kann. Man hört dann oft, dass die Lehrer am mangelnden Erfolg des Kindes schuld wären. Noch öfter hört man, dass diese oder jene Schule oder der gewählte Schultypus »nichts wert wäre«. In solch einem Fall muss den Eltern in aller Klarheit deutlich gemacht werden, dass Lehrkräfte nicht vorsätzlich einem Kind in seiner intellektuellen Einstufung nicht gerecht werden wollen. Dies gilt selbst dann, wenn immer wieder einmal Ausnahmen eine solche Regel bestätigen.

Von Seiten der Schulgesetze sind entsprechende Kontrollinstanzen eingerichtet. Dies ähnelt unserem Rechtssystem, das auch juridisch genützt werden kann! Nicht oft genug kann man Eltern aufrufen, ihre gesetzlich verbrieften Möglichkeiten zu nützen, vor allem ohne jenen Hintergedanken: »Wenn ich mich beschwere bzw. Kritik übe, so wird dies der Schulkarriere meines Kindes schaden.« Die Schulbehörde ist bemüht, dem Kind zu dienen. Schule ist ein Dienstleistungsbetrieb, der auf optimale Beurteilung um des Kindes willen ausgerichtet ist. Ehrlich muss aber gesagt werden: Optimalität ist kaum erreichbar.

Die *intellektuelle Reife* ist stark abhängig von lebensaltertypischen Denkvorgängen. Der Schulbeginn ist weltweit in der Phase des

Denkwandels vom magisch-animistischen Denken hin zu real-logisch-konkretem Denken angesiedelt. Das magisch-animistische Denken ist am leichtesten im Vergleich mit der Märchenwelt zu verstehen, in der Realkriterien aufgehoben sind. In dieser Welt geschehen Wunder, sind spannende Geheimnisse existent, deren Verrat die Zauberkraft verlustig gehen lassen und die in den Unwahrscheinlichkeiten von Kindern akzeptierterweise noch nicht überprüft werden können. In die Welt der logisch-realen Denkvorgänge gehört das kritische Denken, Vorgänge, wie sie bereits im ersten Schuljahr erreichbar sind: im Zahlenraum bis 20 rechnen zu können, nachsprechen, abschreiben, laut lesen und Diktatschreiben zu lernen und zu können und sich von Unwahrscheinlichkeiten nicht mehr so leicht beirren zu lassen.

In diesem Zusammenhang sei hier der eindringliche Appell geäußert, Kindern lange ihre Kindheit zu belassen, sie in der Fantasiewelt der Märchen aufwachsen zu lassen und die Welt vor allem der Kleinkinder nicht zu verschulen. Die gegenwärtigen Diskussionen und Bemühungen, bereits die magisch-animistische Kinderwelt zu verschulen, sind aus Sicht des Autors ein schwerwiegender Fehlschritt, da es gegenwärtig für den Schuleintritt vor allem um die Sprachkompetenz von Kindern geht. Gewünscht wird, in der eigenen Muttersprache oder in der kindlichen Fremdsprache Deutsch imstande zu sein, dem Unterricht zu folgen. In keinem Lebensalter lernen Kinder so spielerisch Sprachen wie in der magisch-animistischen Phase. Deshalb sollte auf den Begriff Vorschule, Kindergartenschule oder welcher Begriff auch immer mit Schule verbunden ist, verzichtet werden. Kinder lernen im Vorschulalter gleichsam *spielerisch* die Sprachen. Nutzen wir die Fähigkeiten, dass wir alle unsere Muttersprache erlernt haben, ohne lesen und schreiben zu können und ohne Grammatikkenntnisse zu besitzen.

Auch die *emotionale Reife* eines Schuleintrittskindes unterscheidet sich von Kind zu Kind. Dies ist bedingt teils durch den Charakter und das Temperament des Kindes, aber auch durch die erzieherische und emotionale Förderung, unsere Kinder Gefühlsausdrücke zu lehren, um ihre Empfindungen den anderen auch mitzuteilen. Es gibt jene Kinder, die schüchtern und ängstlich dem ersten Schultag entgegenzittern und sich kaum von der begleitenden Person trennen können. Dann sind da jene Kinder, die traurig sind, weil sie die bisherigen Lebensgewohnheiten aufgeben müssen. Es sind auch jene vorhanden, die wenig gehemmt sind oder teils aufbrausend und aggressiv agieren und deren Brems- und Kontrollmechanismen noch nicht hinreichend funktionieren. Da gibt es jene heiter gelassenen Kinder, denen bereits die Freude auf den ersten Schultag ins Gesicht geschrieben steht. All diese unterschiedlichen Gemütszustände werden im Laufe der ersten Schuljahre eine individuelle Ausprägung zu einem Gemeinschaftsgefühl erfahren.

Es ist für Eltern wesentlich, ihr Kind in seinem So-Sein zu bestätigen, ihm aufmerksam zuzuhören, tatsächlich in Rat und Tat zur Verfügung zu stehen und ihr Kind immer und immer wieder zu ermutigen, den eigenen Gefühlen auch sprachlich Ausdruck zu geben. Erziehung basiert immer auf einem dialogischen Prinzip, was ja nichts anderes bedeutet, als neben der inneren Zwiesprache, die es zu entwickeln gilt, auch jene zu fördern, in der Raum für Gefühlsaustausch vorhanden sein muss.

Auch der Blick auf die *soziale Reife* darf nicht fehlen. Die soziale Reife hat sich bis zum Schuleintritt so weit gestaltet, dass die sogenannten kulturspezifischen Umgangsformen erlernt wurden. Dies hat ganz einfach bei Grußformeln und Begrüßungshaltungen begonnen. Sie gehen weiter über die Befähigung, gelernt zu haben, anderen Menschen zuzuhören, ohne ununterbrochen dazwischenzureden. Diese Reife bedingt unter anderem auch das Aussprechen-Lassen des Gegenübers. Allerdings hat das Kind auch das Recht zu erhalten, sich mit eigener Meinung zu Wort melden zu dürfen, ohne abgewertet oder herabgewürdigt zu werden. Zu den sozialen Spielregeln gehört, dass man Höflichkeitsrituale erlernt, ohne dressiert zu wirken, sondern die Sinnhaftigkeit dieser Haltungen bis zum

Schulbeginn erfasst hat. Es gilt zu erkennen, warum es Umgangsformen bei Tisch, in öffentlichen Räumen, im Umgang mit Besitz gibt. Ebenso gilt es, den Unterschied zwischen Mein und Dein zu kennen und Ehrlichkeit erfasst zu haben wie auch die ersten Ansätze von moralischer Urteilsfähigkeit und Gewissensbildung begriffen zu haben.

Ein Blick sei auch noch auf die Geschlechtsunterschiede in diesem Lebensalter geworfen. Mädchen gelten im Allgemeinen zum Zeitpunkt des Schuleintritts für bereits reifer entwickelt als Knaben. Mädchen weisen auch eine geringere körperliche und seelische Verletzlichkeit in diesem Alter auf. Sie werden also in allen obgenannten Bereichen stabiler eingestuft als Knaben. Knaben wird demgegenüber eine höhere Risikofreudigkeit und die damit verbundene höhere Unfall- und Verletzungsgefahr zugemessen. Verletzlicher und gefährdeter sind vor allem die Knaben in diesem Alter.

Die ersten Schulklassen

Sind die ersten Schultage nach Schuleintritt vergangen, beginnen die Vergleichssorgen der Eltern. Dieses übliche Wort soll ausdrücken, dass die Schule häufig für die Eltern zu einer Arena wird, in der es im Wettkampf vermeintlich um den/die Besten, Zweitbesten oder Drittbesten einer sozialen Gemeinschaft geht. Diese Spielregeln mögen für den Faustkampf der Knaben untereinander gelten, bei dem die Körperstärke als Skalierungsmaß gelten mag. Kaum gibt es einen Mitschüler einer Volksschule in den ersten beiden Klassen, der nicht weiß, wer in seiner Klasse der Stärkste und der Zweitstärkste ist. Spätestens nach den großen Sommerferien wird diese Kräfteordnung neu skaliert.

Eltern aber sollten sich solcher virtueller Wettkämpfe in der sozialen und intellektuellen Wertewelt, wer das beste und zweitbeste Kind in der Schulklasse hat, geflissentlich enthalten. So wird das eigene Kind in Wettkämpfe hineingedrängt, wobei andere Kinder auf dessen Erfolg gleichsam Wetten setzen. Konkurrenzkampf wird im Leben gefordert sein, aber doch nicht schon im Volksschulalter. Kindervergleiche von Seiten der Eltern geraten sehr leicht zu Machtkämpfen auf Kosten der innerfamiliären Beziehung. Die ehrgeizige Mutter, die ihr Kind gleichsam als Sieger ins Ziel laufen sehen will, nimmt dem Kind Freude an Kreativität, Lust am Unbeschwertsein und fördert Stress. Der ehrgeizige Vater neigt leicht dazu, den eigenen Konkurrenzkampf im Berufsleben und in seiner Wett- und Setzlust auf Sportler auf das eigene Kind zu übertragen. Dem Kind wird dann unverhohlen der väterliche Wettmisserfolg unterschoben.

Kinder eignen sich nicht zum Wetteinsatz des eigenen Prestiges.

Neben den klassischen schulischen Fertigkeiten von Lesen, Schreiben und Rechnen soll dem Kind auch von Seiten des Elternhauses die Freude an den schönen Künsten vermittelt werden. Dazu sollen musizieren, malen, zeichnen oder etwas zu gestalten ermutigend ermöglicht werden. Intellektuelle Höchstleistung bedeutet niemals, alles perfekt zu können. Wäre das der Fall, bräuchten wir ja die Schule nicht. Wissen ist freudvoll zu erwerben, wofür es der schöpferischen Kraftreserven bedarf, ein Umstand, der ja schließlich selbst bei Höchstleistungssportlern immer mit einkalkuliert wird. Der Entspannung und den dazugehörenden Methoden muss ausreichend Raum gegeben werden. Ein solcher Ansatz hilft dem Kind und darf nicht als vergeudete Zeit gewertet werden.

Eltern sollten niemals von ihren Kindern erwarten, dass sie vom Anbeginn des Schuleintritts »schulisch organisiert« sind. Kindern in diesem Alter ist, auch darauf sei hingewiesen, vieles andere wichtiger als den Eltern. Es beschäftigt sie vieles mehr, als sich zu merken, dass morgen € 2,50 in die Schule mitzubringen sind oder dass das Rechenheft blau eingebunden sein soll und man den Zierrahmen nicht vergessen darf. Schon kurze Zeit nach den ersten Tagen des Schulbeginns entwickelt sich nämlich die Telefonitis, in der Nachmittag für Nachmittag Mütter und Väter im gesamten Bekanntenkreis herumtelefonieren, bis alle von allen wissen, welche Aufgaben das Kind heute bekommen hat und welche bis morgen zu erledigen sind. In Zeiten der modernen Kommunikation wäre es in den ersten Schulklassen durchaus auch möglich, die Aufgabenstellung dem noch schulunerfahrenen Kind faksimiliert mitzugeben, da das Merktraining der Schulaufgaben erst bei einem sehr kleinen Teil der Kinder bereits in dieser Lebensphase funktioniert. Betroffene Eltern werden wohl ein Lied davon singen können, wie mühsam es ist, die durchaus notwendigen Übungen und Vertiefungen des Lehrstoffes dem Kind in schulisch erwünschter Weise nahezubringen. Als Vorschlag mag gelten, das Kind behutsam und mit sehr viel Geduld an diese Leistungen heranzuführen. Eltern ersparen sich damit die kindliche Abwehrhaltung!

Eltern sollten sich auch immer wieder – das ist eine Wunschforderung – ihrer eigenen Schulzeit bewusst sein und sich erinnern, wie es »damals war«. Offensichtlich verklärt uns Menschen die Gabe des Vergessens unsere eigene Vergangenheit. Bleibt man realistisch und war nicht Vorzugsschüler Nummer eins, dessen Einheitsnote immer ein »Sehr gut« war und bei dem kein Buch und kein Heft je ein Eselsohr geknickt hatte, so sollten wir anderen – also die Mehrzahl – nicht allzu streng mit unseren Kindern verfahren. Schulisch gewünschte Ordnung verlangt gerne Rituale, die Eltern wenig schätzen und Kinder nicht einzuhalten gedenken.

Motivation – eine wichtige Aufgabe von Eltern und Lehrern

All diese hier gemachten Bemerkungen werden viele Lehrer verärgern und auch Eltern bereits zu diesem Zeitpunkt der Lektüre erzürnen. Deren Argumente lauten: »Wir müssen die Kinder zu Pflicht und Ordnung, zu Exaktheit und Genauigkeit, zu optimaler Merkfähigkeit, zu tüchtigen und konkurrenzfähigen Bürgern erziehen.« Meist folgt dann noch der Satz: »Was Hänschen nicht lernt, lernt Hans nimmermehr.« Zitiert werden weiters gerne die »Erinnerung« (»Mir hat es auch nicht geschadet«) und der berühmte zukunftsgerichtete Blick (»Die Welt hat sich geändert, wir müssen sie vorbereiten für die Welt von morgen«). Ebenso fällt auch noch der Satz: »Sie sollen es ja eines Tages besser haben als wir.«

Demgegenüber sei festgehalten, dass viele der heutigen Einfalls- und Erfindungsreichen wie auch ungewöhnliche Querdenker und die Menschen mit Improvisationsfähigkeit so ausgestattet sind, nämlich mit Flexibilität, Kreativität, Originalität, fantasievollem Denken und erlaubtem Regredieren, d. h. sie dürfen auch in kindliche Schemata rückverfallen. Diesen Menschen wird gerade in der Arbeitswelt und in der globalen Vernetzung die künftige Welt gehören. So stellt sich *die* Gewissensfrage an die Eltern: »Wollen wir unseren Kindern die bestmöglichen Chancen geben, dann nehmen wir die Erkenntnisse der Entwicklungspsychologie, der Familien- und Soziodynamik und ein wenig auch die Erkenntnistheorie als pädagogische Hilfsmittel durchaus an.«

Jedes unserer Kinder, das primär vom Elternhaus, aber auch durch die Schule Ermutigung und Bestätigung erfährt, wird in seiner Leistung besser abschneiden und angstfreier seinen schulischen Lebensweg gehen. Im Begriff der Ermutigung steckt jenes versteckte Geheimnis, das immer und immer wieder in der modernen Arbeitswelt zum Codewort geworden ist, nämlich die Motivation. Wie oft hört man, dass Vorgesetzte kaum Lob aussprechen, ihrer Unzufriedenheit gegenüber Mitarbeitern aber gerne locker freien Lauf lassen.

Der Begriff Motivation hat in einer Eigendefinition primär den Menschen zu etwas hin und von etwas anderem weg zu bewegen. Dazu bedarf es anfänglich der Kraft eines Zweiten, den Ersteren neugierig und aufmerksam zu machen. Es gilt ihn zu interessieren, ihn in Erkenntnis anzuleiten, um diese dann zu beherrschen, sie weiterzuentwickeln und schließlich selbst zum Eigenmotivator zu werden. Macht der geschilderte Vorgang Freude ob des errungenen Erkenntnisgewinnes oder eines Fortschrittes, so wird durch regelmäßige Anleitung eine Übersprungshandlung beobachtbar werden, die man dann eben Eigenmotivation nennen kann. Eltern sind für diesen Vorgang die ersten wichtigen Bezugspersonen für das Kind.

Eltern sind und bleiben die ersten Lehrer ihres Kindes, und an ihnen liegt es, mit welcher Lust und Freude sie ihre Kinder leben gelehrt haben. Spannend zu beobachten ist es, welche Neugierde sie geweckt haben, welche Strategien sie spielerisch und fantasievoll gewählt haben, um das Kind wissbegierig zu machen. Wissen umfasst ja nicht nur den Denkhirnbereich mit Wahrnehmung, Alt- und Neu- sowie Kurzzeitgedächtnis, Merkfähigkeit, Erinnerungsfähigkeit und Wiedergabefähigkeit, sondern auch die Bereitschaft, durch Antworten auf die Frage »warum«. Alle diese kognitiven Leistungen müssen in entsprechende Motivation und optimistische Stimmungslage eingebettet sein.

Wie oft sagen wir als Eltern, das Warum-Frage-Alter ist so mühsam! Ermutigt sollten Eltern sich vielmehr freuen, dass ihr Kind geneigt ist, Antworten auf seine existenziellen Fragen zu suchen. Jede Frage zeichnet den Fragenden durch seine Wissbegier und Unkenntnis aus. Wüssten wir alles, bräuchten wir nicht mehr zu fragen. Der Frager allerdings beweist in seiner Unkenntnis den sokratischen Satz: »Ich weiß, dass ich nichts weiß.«

Kehren wir zur Motivation zurück. Der Eigenmotivation ist natürlich lebensaltertypisch der Vorrang zu geben, vor allem von Seiten der Eltern. Spätestens ab der Pubertät wird man als Eltern allerdings über Jahre hinweg von Eigenmotivation wenig erkennen können. Es fehlt in dieser Zeit vor allem die Motivation zum Lernen. In den Kapiteln über die Pubertät wird noch mehrfach darauf zurückzukommen sein.

Erkennen von Stärken und Schwächen und eine entsprechende Förderung

In den dritten und vierten Volksschulklassen ist für die Eltern schon sehr deutlich zu erkennen, wo die Stärken und Schwächen ihres Kindes liegen. Meist ist zu diesem Zeitpunkt bereits erkennbar, dass das eigene Kind etwa mit großen logisch-mathematischen Fähigkeiten ausgestattet ist. Andere Kinder weisen bereits zu diesem Zeitpunkt besondere Sprachbegabungen auf, und wieder andere sind kreativ gestalterisch begabt und tragen gleichsam die Befähigung zur künstlerischen Gestaltung in der Tasche, und manche scheinen sich für »gar nichts« zu eignen. Letzteren gilt natürlich das besondere Augenmerk. Aber auch jenen, deren Stärken oder Schwächen längst pädagogisch diagnostiziert sind.

Grundsatz für Eltern muss es sein, immer die Teilleistungsstärken zu nützen, um damit Schwächen zu kompensieren helfen. Universalgenies wie ein Leonardo da Vinci, ein Mozart oder ein Leibniz sind in ihren Befähigungen und ihrer kreativen Schaffenskraft Jahrtausendereignisse. Wir werden uns als Eltern damit abfinden müssen, ganz normale, begabte und auch weniger begabte Kinder großzuziehen, die aber aufgrund unserer elterlichen Voraussetzungen ihr persönliches und auf sie zugeschnittenes individuelles Optimum leben dürfen. Für diese Aufgabe sind wir als Eltern aufgerufen, bestmögliche Bedingungen zu schaffen.

In den letzten Jahren wird mehr und mehr Augenmerk auf die »hochbegabten« Kinder gelegt. Es ist ein durchaus erfreulicher Aspekt, wenn man ihn unter dem Begriff einer zu schaffenden Individualisierung von Schulkindern sieht. Zweifellos ist es schade um vergeudete Jahre und die Zeit, in denen besondere Befähigungen eines Kindes nicht erkannt, vor allem aber nicht gefördert werden.

In einem Kapitel über Eltern sei allerdings von einem Kinder- und Jugendpsychiater vermerkt, dass hinter der Forderung nach Erkennen der Hochbegabung des eigenen Kindes oftmals elterliche Eitelkeit steckt. Da hört man Sätze wie: »Wie originell ist doch mein Kind in seinen Aussprüchen!«; »Sie hat bereits mit fünf Jahren lesen gekonnt!«; oder: »Sehen Sie her, welch gute Zeichnungen mein Kind liefert!« Alles durchaus glaubwürdige Sätze, alles auch ein Beweis elterlicher Wertschätzung ihres Kindes und Ausdruck von elterlicher Liebe. Häufig geht es aber dem Kind mit dieser oder jener Befähigung gerade wegen dieser elterliche Einschätzung gar nicht so gut.

In bestimmten Entwicklungsphasen sind Einzelleistungen von Kindern tatsächlich verblüffend, oftmals allerdings beschränken sie sich nur auf eine bestimmte Entwicklungsphase. Diese Einzelleistungen sind beachtenswert und zeigen ein Talent auf, das dann aber nicht immer erhalten bleibt. Bei näherer Betrachtung der Gesamtpersönlichkeit von Hochtalentierten mangelt es dagegen z. B. an sozialem Gewissen, an Herzlichkeit oder es sind die Hochleistungen in einem Bereich Ausdruck einer Überkompensation von anderwärtigen Mangelzuständen. Sicher darf nicht außer Acht gelassen werden, dass soziale Schwierigkeiten auch durch Unterforderung entstehen können. Daher ist Früherkennung nicht nur bei TLS (Teilleistungsschwächen), sondern auch bei Hochbegabung notwendig.

Für die kritischen Äußerungen bezüglich sozialer Beziehungsschwierigkeiten von Hochbegabten bin ich mehrfach heftig kritisiert worden. Oftmals habe ich aufgrund meiner Erkenntnisse und der medizinischen Diagnostik Eltern eine Enttäuschung vermitteln müssen, dass ihre Kinder doch nicht so genial sind, wie sie es sich gewünscht hätten. Wichtig ist vielmehr, dass jedem Kind – und dies sei allen Eltern ins Stammbuch geschrieben – *normoplastische* Fähigkeiten innewohnen. Darunter versteht man die Fähigkeit, aus schwierigen und manchmal ungünstigen Lebenssituationen, aus dem einen oder anderen Begabungsmangel oder aus schicksalhaften Ereignissen heraus, die einem schlechtere Lebenschancen gewähren, durchaus einen »Normweg« zu beschreiten imstande zu sein. Lange Zeit bevor es »Psy-Berufe« gab, haben Menschen ihr Leben durch die ihnen innewohnenden Kräfte bewältigt und ihr sozial angepasstes Leben gestalten können. Man darf aber noch einen Schritt weiter gehen und auch die *euplastischen* Fähigkeiten herausstreichen. Darunter wäre zu verstehen, dass Menschen nach Selbsterkenntnis ihres Handicaps besonders motiviert sind, eine Überkompensation zu leisten, ohne daran aus Überforderung zu zerbrechen.

Kindern und Jugendlichen erzähle ich oft in meiner Ordination Beispiele zu deren Ermutigung:

- Einst lebte in Griechenland ein Mann mit einem Sprech- und einem Sprachfehler. Für diese wurde er oft ausgespottet und so nahm er kleine Kieselsteine, legte sie unter seine Zunge und ging an den Rand der Klippen des Meeres. Als die Wogen hereinrauschten und sein Schreien und Sprechen von niemandem gehört werden konnte, trainierte er seine Stimme.

Sein Name war Demosthenes – der Ahnvater aller Redner.

- Aus Deutschland zog ein Musiker nach Wien. Er war kein einfacher Mensch und musste wegen seines Temperaments oftmals die Wohnung wechseln. Eines Tages hörte er ein Pochen in seinem Ohr. Dieses Pochen übertrug er auf Notenpapier und es sind die ersten Takte eines Werkes, das er »Schicksalssymphonie« nannte; er ertaubte. Fünf weitere Symphonien sollten folgen, die letzte hat Europa im Leitthema zu ihrer Hymne erhoben.

Seine Name – Ludwig van Beethoven.

- Bei den Olympischen Spielen 1980 in Rom gelang einer Läuferin eine Sensationsbestzeit über die Hundert-Meter-Distanz. Die attraktive farbige Amerikanerin unterbot mit einer damals nicht vorstellbaren Fabelzeit den Weltrekord über diese Distanz. Als zwei-, dreijähriges Mädchen war sie an einer Kinderlähmung erkrankt, die damals als Epidemie die Welt erschütterte.

Ihr Name war Wilma Rudolf.

Unsere elterliche Aufgabe, auch in Blickrichtung Schule, ist der gute Kontakt mit den Pädagogen, um ihnen die Individualisierung und somit ihr Lehramt zu erleichtern. Eines der Rezepte heißt Förderung zur Kompensation, also Schwächen optimal überwinden zu helfen. Hier gilt es für Eltern engen, regelmäßigen Kontakt zu den Lehrkräften zu halten und Vertrauen aufzubauen.

Die Schulwahl aus Sicht der Eltern

Gegenwärtig werden Eltern spätestens ab dem Übertritt von der dritten in die vierte Volksschulklasse unruhig, wenn sie die schulische Zukunft ihrer Kinder betrachten. Verharrt man bei der gegenwärtigen Form der Schule, werden die Bedenken immer größer werden. So gleicht die Eintrittspforte in Gymnasien nahezu einem Numerus clausus vieler Länder für den Eintritt in die Universitäten.

Übertrittszeugnisse von der Volksschule in Gymnasien dürfen praktisch keine Drei beinhalten. Ein Höhepunkt elitären Denkens wurde in der letzten Regierungslegislaturperiode geschaffen, als die Eintrittsforderung für den Besuch eines Gymnasiums lauter »Sehr gut« oder bestenfalls eine »Zwei« zur Bedingung hatte. Gegen diese problematische Hürde waren Eltern bislang in Protestforen kaum zu hören. Dies nährt den Verdacht, dass das im Raum stehende Gerücht: »Wer sich aufregt, schadet seinen Kindern«, mögliche Nahrung für dieses Stillhalten der Eltern gibt. Die Regelung gibt zu gefährlicher Korruptionsneigung Anlass. Jene Lehrer, die »ehrlich« benoteten, minderten die Schulchancen der Zehnjährigen. Lehrer, die »willfährig« benoteten, kamen ebenfalls in ein schiefes Licht, und schließlich hörte man von da und dort, dass LehrerInnen sogar »käuflich« geworden seien. Dieser Fehlentwicklung muss in aller Deutlichkeit entgegengetreten werden. Hier ist die Politik aufgerufen, dergleichen Missstände umgehend aufzudecken und abzuschaffen. Allerdings wird gegenwärtig versucht, diesem Trend entgegenzuarbeiten.

Eltern benötigen aufgrund der sehr differenzierten Möglichkeiten der Schullaufbahn ihres Kindes oftmals kompetente Beratung. Sind die Richtlinien und Zielvorgaben für Eltern bezüglich der Volksschulzeit relativ klar, wenngleich auch in diesem Lebensalter alternative Schulungsmöglichkeiten existent sind, so wird es mit dem Übertritt in die Sekundarschule schwierig, den optimalen Weg für das eigene Kind zu finden.

Die übliche Entscheidung war bisher, das Kind in eine Hauptschule oder in eine sogenannte höhere Schule, also Mittelschule oder Gymnasium, mit unterschiedlichen Schwerpunkten zu schicken. Der bisherige Schulverlauf mit Stärken und Schwächen hat diese Entscheidung maßgeblich beeinflusst. Die VolkschullehrerInnen haben die Eltern beraten, und die einzelnen Schulen haben längst einen Tag der offenen Tür zum Standard erhoben. Liegen offensichtliche Begabungsschwerpunkte des Kindes vor, sucht man jene Schule aus, die vermeintlich dem Kind in seinen Begabungsschwerpunkten eine besondere Ausbildung ermöglicht. Deutlich hat sich gezeigt, dass bislang im großstädtischen Raum den höheren Schulen der Vorzug gegeben wurde, wohingegen im ländlichen Raum durchaus die Hauptschule mit ihrem differenzierten Angebot Gleichrangigkeit eingeräumt wurde. Als Beispiel seien die ausgewogenen Angebote von Sport- und Musikhauptschulen herausgehoben.

Mit Erreichung des vierzehnten Lebensjahres ihres Kindes stellt sich nun für die Eltern, bei bisher klaglosem Schulerfolg, erneut eine doch lebensentscheidende Frage für ihr Kind. War der Schulverlauf in der Hauptschule ein guter, eröffnet sich im differenzierten Schulsystem der Um- und Einstieg in höhere Schulen, wobei hier der Trend besonders zu berufsbildenden höheren Schulen geht. Für weniger leistungsstarke Hauptschüler teilt sich der Weg in den Polytechnischen Lehrgang – wie bereits im Kapitel über die Lehrer dargestellt – oder aber in eine Fachschule. Häufig muss man beobachten, dass Fachschulen gerne zur Umgehung des Polytechnischen Lehrgangs benützt werden, man damit allerdings Kindern auch eine Chance nimmt, da z. B. ein Jahr Handelsschule, die man nur zur Erfüllung der gesetzlich vorgeschriebenen Schulpflicht gewählt hat, weniger Sinn macht als ein Polytechnischer Lehrgang. Es sei aber der Hintergrund durchaus erhellt, dass viele Eltern aufgrund der Schülerpopulation in Polytechnischen Lehrgängen, die anderen Ethnien entstammen, diesen Schulweg für ihr Kind meiden wollen.

Schüler, die in der Sekundarschule einen durchschnittlich bis guten Erfolg aufwiesen, werden entweder den gewählten gymnasialen Schulweg weiterführen oder sich in berufsbildende Schulen mit Fachspezifikum umschulen. Die berufsbildenden Schulen werden üblicherweise fünfklassig geführt und die Absolventen schließen mit neunzehn Jahren mit Matura ab, erwerben aber mit dieser bereits auch einen Berufstitel.

Diese natürlich unvollständig gebliebenen Schulpfade sollen nur aufdecken, wie vielfältig das österreichische Schulsystem gestaltet und gestaffelt ist und wie wichtig es daher ist, entsprechende Beratung in Anspruch zu nehmen. Seien es nun die Lehrkräfte, die die Stärken und Schwächen des Kindes aus ihrer Erfahrung beurteilen können, seien es die Schulpsychologen, die aufgrund testpsychologischer Untersuchungen Neigungen und Begabungsschwerpunkte zur pädagogischen Beurteilung ergänzen können. Seien es auch professionelle Berufsberater, die Hilfe geben können, vor allem aus der Kenntnis der Vielfalt von Lehrberufen, die nicht ganz alltäglich sind und hervorragende Berufschancen in sich bergen. Eltern können nicht eindringlich genug darauf aufmerksam gemacht werden, wie hilfreich Schullaufbahnberatung sein kann; schließlich ist sie häufig eine Lebensberatung und Weichenstellung für innere Zufriedenheit.

Fazit:
1. Kinder stehen im Zentrum elterlicher Bemühungen und haben daher das Anrecht, von den Eltern ermutigt und bestätigt zu werden.
2. Eltern sind aufgerufen, die Stärken ihres Kindes zu fördern und die Schwächen zwar zu registrieren, aber das Kind genau darin hilfreich zu stützen. Die Schwächen erschweren zwar die Schullaufbahn, dürfen aber niemals zu Ächtung oder Herabminderung des Kindes führen.
3. Eltern sollten in Ehrlichkeit zu sich selbst die Beziehung zu ihrem Kind überprüfen und dem Kind in eben dieser Ehrlichkeit begegnen.

4. Eltern hilft es häufig, das eigene Kind besser zu verstehen, wenn sie sich auf ihre eigene Schulzeit rückbesinnen.
5. Kinder verdienen, dass Eltern die Geduld bewahren und der individuellen kindlichen Entwicklung Raum geben.
6. Eltern sollten Zivilcourage gegenüber der Schule zugunsten ihrer Kinder beweisen.

Schüler

Als Kinder- und Jugendpsychiater muss ich in aller Deutlichkeit vermerken, dass Kind-Sein nur schwer untereinander verglichen werden kann. Es gibt die Lauten, die Leisen, die Unruhigen und die Ruhigen, die Aggressiven und die weniger Spannungsgeladenen, sie sind einfach Kinder, die ihrem Naturell, ihrem Charakter, ihrer Antriebslage gemäß geleitet, geführt, gelenkt, bestätigt, ermutigt und immer und immer wieder ermahnt werden müssen. Ein Teil unserer menschlichen Kreativität, unseres Einfallsreichtums und unserer Befähigungen entspringt diesen manchmal vorerst sehr misslichen Persönlichkeitsstrukturen.

»Schwierige Schüler« – darauf unzureichend vorbereitete Lehrer

Kaum eine Fortbildungsveranstaltung, ein Gespräch in einer Lehrerkonferenz, eine Begegnung mit Lehrern nach einem Vortrag, ohne dass man die Klage hört: »Wir haben so schwierige Schüler, wie gehen wir mit diesen um?« Diese Klage ist berechtigt und kann vom Kinder- und Jugendpsychiater nur bestätigt werden, nicht dahingehend, dass man der früheren Sprachregelung: »Das Schülermaterial wird immer schwieriger«, Folge leistet, sondern vielmehr, dass das uns überantwortete Schülergut einer höheren pädagogischen Kompetenz bedarf.

Eingangs wurde erwähnt, dass Schule Bildung und Erziehung zu vermitteln hat, und es wurde bereits deutlich gemacht, dass für die Erziehung quer durch alle Schulstufen die Lehrerkompetenz von Seiten ihrer Ausbildung her nicht ausreicht.

Beginnen wir bei der Volksschule. Die biologische Reife wie auch die emotionale und soziale Reife von Schuleintrittskindern ist extrem unterschiedlich. Meist ist auch die Sprachkompetenz problematisch, der soziale Status der Familien oft undurchschaubar und sind die üblichen kommunikativen sozialen Spielregeln nicht hinreichend erlernt. Aggressiv laute Kinder begegnen teilleistungsschwachen, schüchternen Kindern, dominante »Raufbolde« zurückgezogenen »Träumerlingen«, schulvortrainierte »Drittkinder« mehr oder minder behüteten Einzelkindern, luxusverwöhnten Kindern bzw. sozial und finanziell Minderbemittelten. Die Eingangsphase für die LehrerInnen wurde beschrieben, die Erlebniswelt der Kinder noch nicht.

Einige Grundstrukturen von Kindern seien herausgestrichen, um den Grenzbereich zwischen unauffälliger Normvariante und problematischer, behandlungsbedürftiger Psyche darzustellen.

Aggressivität

Ein immer deutlicher werdender Wesenszug ist die Aggressivität von Kindern. Umgebremst und enthemmt, mit sogenannten mangelnden Hemm-, Brems-, Kontroll- und Steuermechanismen ausgestattet, mit mangelnder Tragweitenabschätzung, für die Umgebung bedrohlich, erkennen sie gar nicht, dass sie für den Pädagogen zum Problem und für andere Kinder zur Gefahr werden.

Die Aggression eines solchen Kindes richtet sich gegen Objekte – das bedeutet dann Zerstörungswut –, gegen sich selbst – das führt im Laufe der Jahre häufig zu Risikoverhalten, mangelnder Gefahrenabschätzung, aber schließlich auch Verletzungsgefahr an sich selbst – oder gegen andere, seien es Gleichaltrige oder schließlich auch Erwachsene. Lehrer werden häufig hilflos, suchen Hilfe bei den Eltern, die die pädagogische Aufgabe an die Schule zurückdelegieren: Zu Hause seien ihre Kinder ja nicht aggressiv.

In diesem Fall ist individuelle Ursachenforschung (pädagogische Diagnostik) angezeigt, um dem Missstand pädagogisch zu begegnen. Da sind jene Kinder, die permanenter Aggression in ihrem Umfeld ausgesetzt sind und diese einfach nachahmen. Das sind auch jene Kinder, die sich an Stärkeren orientieren, um diese in ihrer Aggression zu imitieren. Da gibt es Kinder, bei denen die Weitergabe von Selbsterlittenem dazu führt, dass sie sich immer wieder Schwächere suchen, um an diesen ihren »Mut zu kühlen«. Weiters sind Kinder herauszufiltern, deren Hemm-, Brems-, Kontroll- und Steuermechanismen einfach gar nicht ausgebildet worden bzw. eventuell auch durch Krankheit verloren gegangen sind. Und eine Gruppe bestimmt sich durch die Devise: »Mitmachen ist Pflicht.«

Natürlich wäre die einfachste Hilfe, die Eltern mit einzubinden und sie über diese Umstände zu informieren. Meist kommen gerade diese Eltern aber nicht oder sind uneinsichtig. Natürlich gibt es eine Möglichkeit, die Schulpsychologie einzubinden, doch bleibt in der gegenwärtigen Personalsituation nur die Erhellung einer spezifischeren Diagnose ohne entsprechende Betreuung übrig. Ein Weg sind Beratungslehrer und psychagogische Betreuer, die sind aber flächendeckend nicht zur Verfügung und werden von politischer Seite immer noch gerne als »Kuschellehrer« abgetan. So steht dann die Lehrkraft alleine und soll Lösungsvarianten pädagogischer Art bieten.

In Extremfällen ist die Medizin, in Form der Kinder- und Jugendpsychiatrie, aufgerufen. In mittelschweren Fällen bedarf es der engen Zusammenarbeit mit der Jugendwohlfahrt und ihren Einrichtungen, inklusive des wiederholten Versuches, Eltern in familientherapeutische Settings einzubinden. Schließlich bietet die Schule sonderpädagogische Einrichtungen, in denen ganz spezifisch geschulte Lehrkräfte Abhilfe zu schaffen suchen.

Die Jugendwohlfahrt ist personell und in ihrer in den letzten Jahren gefundenen Definition überfordert. Familientherapie beruht auf Freiwilligkeit – und wer tut sich das schon an? Spezielle sonderpädagogische Einrichtungen sind ebenfalls immer wieder vom Sparstift bedroht.

Es ist dem Autor durch über 30 Jahre Schularbeit bewusst, dass viele dieser Ratschläge nicht nur bekannt sind, sondern immer wieder auch in ihrer Anwendung versagen. Die Lehrerschaft und ihre Schulbehörde sind daher aufgerufen, Evaluationsdaten des tatsächlichen Notstandes zu liefern, da die Wissenschaft nur auf diese Weise versuchen kann, mit Daten abgesichert, mit Lösungsvarianten zu helfen.

Rückzugsverhalten

Schon frühzeitig fallen Kinder mit Gemütsstörungen und extremem Rückzugsverhalten auf. Es sind die traurigen, die einsamen, die schüchternen, die oft vernachlässigten Kinder, die gar keine Kommunikationspartner innerhalb ihrer Familie oder ihrer Umgebung aufweisen können. Es sind Kinder, die oft aus finanzieller und intellektueller Unterschicht stammen, deren Bedürfnisse und Hilferufe nicht erhört werden, da sie nicht wahrgenommen werden können. Für diese Kinder ist Schule eine wesentliche Hoffnungszone. Die immer wieder beschworene Individualität des Kindes muss es ermöglichen, dass das Kind von seiner Lehrkraft erkannt und in seiner Not identifiziert wird. Nicht die Schule wird dieses Problem lösen können, aber sie ist der Ort der Diagnostik und deswegen beschwört der Autor immer und immer wieder die pädagogische Diagnostik, die neben der medizinischen und psychologischen stehen muss. Mitmenschlichkeit, Mitgefühl und Gemeinschaftsgefühl müssen in diesem Fall der Motor sein, die sogenannte Zivilgesellschaft aufzurufen und vor allem in Form des Amtes für Jugend und Familie einzubinden, um Notstände, für die sich das Kind und meist auch die Familie aus der stummen Armut genieren, aufzudecken und zu verändern.

Unter den schüchternen Kindern finden sich selbstverständlich misshandelte und missbrauchte Kinder, deren Stille in Wahrheit einen Hilfeschrei darstellt, in Form der Aktionssprache, sich nicht anders artikulieren zu können, als Zuwendung zu fordern. Gerade die Volksschule als Pflichteinrichtung für alle Kinder hat eine besondere Aufgabe, auf Not leidende Kinder aufmerksam zu werden.

Traurige Kinder weisen sehr häufig bereits im Volksschulalter Depressionen auf. Depressionen sind gekennzeichnet durch eine traurige Verstimmung, durch Antriebsarmut, aber auch durch häufige körperliche Symptome wie Kopfschmerz, Schwindel, Erbrechen, Übelkeit, Leistungsüberforderung, wiederholtes Fehlen. Fällt dies der Volksschullehrerin auf, so ist der Schularzt wichtiger Ansprechpartner, um dieses Kind frühzeitig möglicherweise auch Fachärzten zuzuführen. Bleiben solche versteckten Depressionen unentdeckt, kann dies bis zur Pubertät hin zu Lebensunlust, suizidaler Einengung, Selbstmorddrohungen bis hin zu Selbstmordversuchen führen.

Gerade auf diesem Sektor soll erziehungsverantwortlichen Lehrpersonen keine Angst gemacht werden, sie sollen vielmehr ermutigt werden, den Schritt zum Schulpsychologen bzw. zum Arzt nicht zu scheuen. Immer noch ist ein zu früh getaner Schritt besser als ein Zuwarten mit deletären Folgen.

Angst

Ein wichtiges Kapitel der Psychopathologie ist die Angst. Zu unterscheiden ist die Realangst von Schulkindern, bezogen auf Leistungsversagen, auf Strafe, auf selbst überhöhte Eigenanforderung, Leistungen vollbringen zu müssen, um anerkannt bzw. tatsächlich oder vermeintlich von den Eltern geliebt zu werden. Diese Ängste sind real aufdeckbar und ihnen kann begegnet werden; vor allem durch pädagogische Mittel, indem Eltern in den schulischen und realen Lebensalltag verantwortlich mit eingebunden werden. In diesem Bereich macht vor allem der »Ton die Musik«. Es gilt von pädagogisch lehrermäßiger Seite, eine behutsame Annäherung an jene Eltern zu finden, die die leistungsbezogene Lehrerbeurteilung abwertend herabsetzen und auch dem Kind abwertend begegnen, indem sie diesem sehr häufig Leistungen abverlangen, die dieses zum gegenwärtigen Zeitpunkt, aus Begabungsschwächen, vielleicht aber auch niemals imstande sein wird, erbringen zu können.

Dem gegenüber stehen Ängste, die als pathologisch gelten, nämlich die Schulphobien. Die Schulphobie orientiert sich zwar am Ort der Schule, jedoch niemals an der schulischen Forderung oder den Lehrkräften. Schul- und auch sozialphobische Kinder, die Angst vor der Gemeinschaft haben, sind ängstlich wegen der Trennung von der nächsten Bezugsperson, wie es vor allem die Mutter darstellt. Schulphobien orientieren sich am Trennungserlebnis von der nächsten Bezugsperson, um die das Kind Angst hat. Ängstliche nahe Verwandte übertragen Ängste auf die Kinder, die ihrerseits wiederum Sorge um die Betreuungsperson haben und diese daher kaum verlassen können. So gesehen brauchen schulphobische Kinder nicht nur eine Eigenbehandlung, sondern ist grundsätzlich auch eine Elternteil- oder sogar Familientherapie erforderlich. Nach entsprechender Diagnostik ist eine Zuführung an Therapeuten bzw. Ärzte dringend zu empfehlen.

Bei strafängstlichen Kindern und Jugendlichen ist es eine wichtige Aufgabe der LehrerInnen, den Eltern die Nöte ihres Kindes klarzumachen. Hier muss besonders auf die subtilen Formen der Strafangst geachtet werden, wo es sich bei der Strafe nicht so sehr um körperliche Züchtigung, sondern um sehr feine und subtile Formen der verbalen Missachtung, der Abwendung und somit Isolationsfolter, aber auch um Liebesentzug handelt. Nötigenfalls ist solchen Kindern auch die Hilfe der Jugendwohlfahrt anzubieten, da zwar das Märchen von der »g'sunden Watsch'n« großteils der Vergangenheit angehört, die Delegationspunifikation in den geschilderten Formen aber gerne an andere delegiert wird. »Sie können mein Kind ruhig hart anfassen« – ein oft gehörter Satz von Eltern, den unterrichtenden Lehrern gegenüber geäußert.

Hyperaktivität

Nahezu zur Alltagsdiagnose wurde das Aufmerksamkeits- und Hyperaktivitätssyndrom. Darunter versteht man Kinder, die in permanenter Unruhe kaum still zu halten sind, sich bisweilen in den Vordergrund spielen, unaufgefordert hinausschreien, im Klassenverband aufstehen, Ermahnungen nicht wahrnehmen und schlichtweg ein kommunikativer Störfaktor sind. Neben der Hyperaktivität leiden sie unter massiven Störungen in ihrer Aufmerksamkeit, nehmen sehr häufig nur Teilbereiche im visuellen und akustischen Bereich wahr und vergessen selbst diese und sind nahezu, wie es umgangssprachlich heißt, »nicht bändigbar«.

Diese Form von Psychopathologie ist allerdings nicht so häufig, wie es in der Öffentlichkeit dargestellt wird. Das klassische ADHS-Syndrom, wie nunmehr beschrieben, ist selten, wohingegen viele Kinder ihrem Lebensalter entsprechend und typisch aktiv und lebhaft sind. Oftmals sind sie auch unaufmerksam, ein Kennzeichen, das vor allem dem Volksschulkind »zugestanden« werden muss. In ironischer Weise hat der Autor in vielen Vorträgen erklärt, dass wohl in jeder Volksschulklasse zwei Kinder auffällig sind, die unaufmerksam sind und als »Unruhegeister« bezeichnet werden. Nähme man diese beiden Kinder aus der Klasse heraus und würde sechs Wochen später dieselbe Klasse wieder besuchen, ergäbe sich das Bild, dass wiederum zwei Kinder unaufmerksam und unruhig sind. Dies könnte man in endlicher Reihe wiederholen.

Begabungsschwerpunkte und Teilleistungsschwächen

Ein wesentliches Kapitel bei der Betrachtung von Kindern stellen die Begabungsschwerpunkte wie auch die Teilleistungsschwächen dar.

Unser Schulsystem garantiert allen Kindern – gleichgültig, wie ihr Begabungsprofil aussieht – eine kindgerechte, den Fähigkeiten entsprechende Beschulung. Im Sinne der Integrationsbewegung der frühen siebziger Jahre des vergangenen Jahrhunderts wurden Möglichkeiten geschaffen, Kinder individuell in den Regelschulbetrieb einzubinden, um in wechselseitiger Beziehung von nicht behinderten und behinderten Kindern die viel beschworene Integration zu schaffen. Verständnis, Rücksichtnahme, behindertengerechter Umgang mit Mitschülern, Rücksichtnahme, aber vor allem Bedürfniserkenntnis sind die Folge von solchen Bemühungen und haben von vielen Kindern das Odium des Sonderschülers weggenommen. Für eine kleine Gruppe von Kindern bedarf es aber weiterhin der – speziell für ihre Bedürfnisse – errichteten Sonderschulen. Seien es Sinnesbehinderungen, die einer behutsamen Aufmerksamkeitsführung und -lenkung bedürfen; man denke vor allem an schwer sehbehinderte und hörbehinderte Kinder, aber ebenso an intellektuell zurückgebliebene bzw. mangelbegabte Kinder, die von dem Leistungstempo und den Leistungszielen her einer besonders behutsamen Beschulung bedürfen.

Davon abzugrenzen sind jene Kinder, die Teilleistungsschwächen aufweisen, die also im Wahrnehmungs- und somit Eingangsbereich der Funktionen der Sinnesorgane, in der Verarbeitung des Wahrgenommenen bzw. in der Umsetzung behebbare Probleme haben und für die im Lauf der letzten Jahrzehnte spezielle Trainingsprogramme entwickelt worden sind. Als Beispiel mögen die Lese-Rechtschreibstörungen oder die Rechenstörungen gelten. Je früher ein Screening diese Schwächen erkennen lässt, desto umfassender sind die Schwächen auch zu beseitigen. Es gehört heute selbstverständlich zum Standard der Schule, frühzeitig solche Schwächen durch Lehrpersonen selbst, aber auch durch Schulpsychologen aufdecken zu lassen, um sie einer adäquaten pädagogischen Hilfe zuführen zu können. Weiterhin ist es aber notwendig, seriöse medizinische, psychologische und pädagogische Diagnostik zu betreiben, um nach entsprechender Indikationsstellung, also der entsprechenden Verfahrensauswahl, Trainings anzubieten.

Ein Fünfzehnjähriger erscheint in der Ambulanz einer Klinik und wird wegen Leistungsversagens vorgestellt, und dies, obwohl er die Unterstufe der AHS mit gut durchschnittlichem Erfolg gemeistert hat. Die Eltern berichten, es scheint, wie wenn ein böser Geist in ihn eingefahren sei. Er wäre träge – die Eltern berichteten allerdings, er sei faul, ein Begriff, von dem man sich distanzieren sollte –, die Leistungen wären massiv abgesackt und es drohe die Repetition der Schulklasse. Ein durchgeführter psychologischer Test ergibt eine gut überdurchschnittliche Intelligenz mit Befähigung, nicht nur eine Matura, sondern auch ein Hochschulstudium, prognostisch gesprochen, absolvieren zu können. Die psychiatrische Exploration zeigt keine Anzeichen einer Nerven-, Geistes- oder Gemütskrankheit oder einer anderen gleichwertigen seelischen Störung. Drogenkonsum wird glaublich verneint. Der Jugendliche hat Schwierigkeiten, Wichtiges von Unwichtigem trennen zu können. Auch das konzentrierte Denken und Lernen macht ihm erhebliche Schwierigkeiten, für den Reifungsprozess mit erhöhter Selbstzuwendung verbraucht er viel Energie. Diese fehlt ihm in der Leistung und er wendet für sein Erwachsenwerden einen höheren Anteil auf, als er ihn für die Schulleistungen bräuchte. Dies wird in therapeutischen Gesprächen transparent.

Im Rahmen der Gespräche wird intensiv an den vorhandenen Minderwertigkeitsgefühlen gearbeitet und schließlich wird dem Jugendlichen, der aus einem konservativ-konfessionellen christlichen Haus stammt, das Gleichnis von den Talenten nahegebracht. Dies führt zu einem Nachdenkprozess, der vom Jugendlichen mit dem wienerischen Ausspruch: »Es sind schon Hausherren gestorben«, quittiert wird. Der Erkenntnis- und Reflexionsprozess führte zu einer Umkehr.

Häufig hört man von Eltern und Lehrern den klassischen Satz: »Wenn er/sie nur wollte, so könnte er/sie«, oder auch: »Sie/er müsste sich nur ein wenig mehr anstrengen, dann …« Jugendliche Schüler reagieren auf diese Sätze entmutigt und verstimmt, da es ja sehr schön sein mag, wenn im Konjunktiv erklärt wird, man könnte, man es jedoch in der Umsetzung nicht *kann*. Wichtig ist in diesem Lebensalter die ermutigende Bereitschaft seitens aller Vertreter der Schulen, die dem Jugendlichen innewohnenden Kräfte zu stärken, um ihn aus dem Leistungstief herauszubegleiten.

> Eine sechzehnjährige Schülerin teilt ihrem Vater mit, sie hätte ein »sehr gutes Nichgenügend« auf die Englischschularbeit bekommen. Der Vater ist entsetzt und tobt mit dem Satz: »Zwei sehr gute Nichtgenügend im Zeugnis bedeuten Wiederholung der Schulklasse.« Das Mädchen vertraut sich ihrem Therapeuten mit dieser Geschichte an und es wird erarbeitet, dass der Lehrer ein guter Pädagoge sei. Er habe selbstverständlich *nicht* gesagt, sie hätte ein »sehr gutes Nichtgenügend«, sondern verschmitzt habe er angedeutet, es wäre ein besseres. Statt 24 Fehlern nur mehr zwölf. Der Lehrer gab zwar das Kalkül »Nicht genügend«, hatte aber auch erkannt, dass sich das Mädchen um den Stoff eifrig bemüht hat. Von da an ging es durch die ermutigende Grundhaltung der Lehrkraft positiv aufwärts und das Schuljahr musste nicht wiederholt werden.

Manchmal sind schülerische Fähigkeiten vorhanden, die nicht um jeden Preis schulischen Erfolg garantieren, da sie nicht in das Lehr- und Lernkonzept des Klassenstoffes hineinpassen. Bei einer ganzheitlichen Betrachtung eines Schülers sollte man diese Fertigkeiten und Fähigkeiten jedoch nicht außer Acht lassen und sie vielleicht doch zum Nutzen des Schülers qualifizieren.

Wie schon im Abschnitt über den schuleintretenden Schüler über die Ich-Funktionen dargestellt, braucht der Schüler im Vorpubertätsalter mehr Selbstachtung, Selbstwertgefühl und Selbstbewusstsein. Selbstachtung wird durch Reflektieren sozialer Situationen erlernt. Dies führt zu Verunsicherung und um mehr Sicherheit zu erlangen, bedarf es daher der Unterstützung durch die Eltern.

Auf diese Weise erfährt der Jugendliche, dass er ein Recht erhält, in seiner sich entwickelnden Persönlichkeit geachtet zu fühlen. Die gleiche Achtung, die wir als Erwachsene von unserer Umgebung fordern, steht selbstverständlich auch dem Kind in all seinen Persönlichkeitsfacetten zu. Achtung hat mit der Würde des Menschen zu tun und kann im Erziehungsprozess nicht deutlich genug herausgestrichen werden. Wiederum muss auf den Begriff der Toleranz hingewiesen werden, dass jemand nicht ächtlich gemacht oder herabgewürdigt werden darf.

Insbesondere im Bereich von Teilleistungsschwächen und Behinderungen erlebt sich das Kind und der Jugendliche oftmals von Aktivitäten ausgeschlossen und wenig würdevoll behandelt. Summieren sich die Erfahrungen des Kindes – und die Schule ist eben über Jahre hinweg der Lebensraum von Kindern –, so ist sehr bald das Kriterium seelischen Schmerzes, gemütsmäßiger Unbill, ja manchmal sogar das Erleben von Qual erfüllt. Die Summe und die Frequenz von derartigen Herabsetzungen und Entmutigungen erfüllen schließlich den rechtlichen Tatbestand des Quälens.

In diesem Zusammenhang ist immer wieder das Machtgefälle zu beachten, wenn ein vermeintlich Starker den Schwachen herabsetzt. Eine Zeit lang besitzt der wehrlose Schwache Widerstandskraft, schließlich aber verzweifelt er an der vergeblich eingesetzten Energie und lässt sich fallen. Es muss nicht Torbergs *Schüler Gerber* mit dem sadistischen Lehrer »Gott Kupfer« herangezogen werden, jede österreichische Lehrkraft würde sich dagegen verwahren, mit diesem Lehrertypus verglichen zu werden. Es sind die kleinen, die gleichsam versteckten Fouls, die eingesetzt werden, um sich an einem missliebigen Schüler zu rächen. Damit werden die eigenen Minderwertigkeitsgefühle des Lehrers verdeckt und man definiert sich über der eigenen Macht, um die Ohnmacht des Schülers noch deutlicher zu demonstrieren.

Lateinstunde, 6. Klasse AHS: Der Professor betritt die Klasse, ein Schüler lacht hämisch meckernd, wird daraufhin zur Wiederholung einer Sallust-Stelle aufgefordert. Der Schüler versagt und bekommt für die sogenannte Lateinwiederholung ein »Nicht genügend«. Stufe 2 ist ein Vokabeltest, bei dem er kläglich versagt, wofür er ein weiteres »Nicht genügend« in den Lehrerkatalog eingetragen erhält. Die Realienfrage wird ebenfalls mit einem »Nicht genügend« belegt und gegen Ende der Stunde wird der entnervte Schüler für die Mitarbeit während dieser Stunde nochmals negativ benotet. Zynismus kennt aber keine Grenzen; die Lehrkraft verlässt mit grinsendem Gesichtsausdruck die Klasse, nicht ohne dem Schüler ein »*aleae iactae sunt*« zuzurufen. Auf Deutsch heißt dies: »Die Würfel sind gefallen«, das Schuljahr wurde negativ abgeschlossen.

Förderung von Hochbegabten

Vielleicht ist es gar nicht mehr so notwendig, immer wieder über die weitestgehende Behebung von Teilleistungsschwächen zu sprechen, als vielmehr das Augenmerk auch auf jene Kinder zu legen, die bisweilen psychisch sehr auffällig sind, da sie Teilleistungs*stärken* aufweisen, als hochbegabt gelten und häufig dadurch sozial störend auffallen.

Hochbegabte Kinder sind oftmals von ihrer Umwelt, Schule und Familie überfordert. Sie sind es nicht in ihrer Intelligenzausstattung, sondern durch das Unverständnis, nicht adäquat behandelt und verstanden zu werden. Dieser Umstand führt dann bisweilen zu Verhaltensauffälligkeiten und sekundären Neurotisierungen. Darunter versteht man, dass andauernde und wiederholte emotionale und soziale Verletzungen auf unser menschliches Unbewusstes einwirken. Dies setzt einander widerstrebende Kräfte, also innerseelische Konflikte in Gang, die dann maskiert Symptome freisetzen. Psychosomatisch gesehen können Kopfschmerzen dann Kopfzerbrechen bedeuten. Angstsymptome, Wiederholungszwänge, offene und versteckte Aggressionen können ebenso entstehen wie dissoziales Verhalten. Erst durch die Dolmetschfunktion eines Diagnostikers wird die Herkunft der Symptome enttarnt.

Den hochbegabten Kindern ist erst in den letzten Jahren mehr und mehr Aufmerksamkeit geschenkt worden, da unser österreichisches Schulsystem relativ rigide auf Hochbegabte eingegangen ist. Nur ganz selten konnten Kinder aufgrund ihrer Befähigungen Schulklassen überspringen. Eltern solcher Kinder wurden gerne mit dem Anwurf, ehrgeizig wie »Eislaufmütter« zu sein, bezeichnet und überhaupt passten und passen hochbegabte Kinder schwer in ein relativ starres Regelschulsystem. Ein erstes Umdenken erfolgte mit der Gründung der Sir-Karl-Popper-Schule in Wien. Ein Anfang war gesetzt, viele Eltern erschienen erleichtert, und diese Möglichkeit gab Eltern Hoffnung.

Ein solches System sollte aber nicht kritiklos angenommen werden. Die Massierung von hochbegabten Kindern in Eliteschulen birgt erkennbare Gefahren in sich. Es ist sinnvoller, über Teilleistungsstärken zu sprechen und in bestimmten Denk- und Wissenskategorien Hochbegabungen zu orten. Da sind die multilingualen, sprachbegabten neben den logisch-rechnerisch, mathematischen Menschen zu finden. Da gibt es jene, die in ihrer akustischen Auffassungsgabe und in ihrer Musikalität herausragende Fähigkeiten aufweisen, und jene, die grafisch-gestalterisch und in ihren Orientierungsbefähigungen genial sind. Da leben jene Wunderkinder unter uns, die bereits im frühen Kindesalter ihr Talent entdecken lassen und das Anrecht haben, individuell gefördert zu werden.

All das gilt für den kognitiven, kreativen, gestalterischen, gleichsam »Denkhirnbereich« und daneben gibt es den emotional-sozialen Bereich, der oftmals aufgrund dieser genannten Hochbegabung weniger gut ausgeprägt ist, schwieriger zu fördern ist, im sozialen Umgang und in der moralischen Urteilsfähigkeit gar nicht einer erwarteten Hochbegabung entspricht und im zwischenmenschlichen Zusammensein schwierig bis zur Unerträglichkeit entwickelt sein kann. Hochbegabte Menschen bilden manchmal einen sonderlingshaften Charakter aus, bedürfen der besonderen Lenkung, Leitung und Führung durch speziell geschulte Pädagogen und sollten auch, um ihr Talent zu fördern, in anderen Lernbereichen gleichsam »geschont« werden. Dies heißt nicht, dass man die Basisbildung vernachlässigen soll. Man sollte diesen Kindern allerdings entsprechend entgegenkommen, um ihnen zu helfen, ihr Spezialtalent ausbauen zu können.

Sollte dies, wie so oft, als Kritik an Hochbegabtenschulen fehlverstanden werden, so sei dem entgegengehalten, dass der Grundansatz wieder einmal in der Individualisierung des Einzelnen liegen muss. Die Erfahrung des Kinder- und Jugendpsychiaters, der solch hochbegabte Kinder über Jahrzehnte zum Teil auch psychotherapeutisch betreut hat, sollte nicht ungehört verhallen. Lehrkräfte, die mit teilleistungsstarken Kindern in einer Schulklasse arbeiten, bedürfen einer ganz besonderen Ausbildung in Menschenführung und eines hohen Maßes an Kenntnis in Gruppendynamik.

Mit einer Forderung nach Begabungsförderung soll nicht einer Einseitigkeit das Wort geredet werden, schließlich hat die österreichische Schule über lange Jahrzehnte Vorbildwirkung auf andere Länder ausgestrahlt. Umso mehr ist eine Rückbesinnung auf unser großes Erbe der Schultradition vonnöten. Österreich war doch ganz besonders auf die umfassende »Rundumbildung« stolz, die vernetztes Denken, den Ansatz zum Teamgeist, Kreativität und den Rahmen der schönen Künste ermöglicht hat.

Die Diskussion um Ganztags- und Gesamtschule

Schließlich ist es in einem Lebensraum Schule diagnostisch ganz notwendig, immer wieder die sozialen Bedingungen, in denen Kinder aufwachsen, so zu durchleuchten, dass Hilfestellungen überhaupt geboten werden können. Es genügt erst, wenn sie dann einmal erkannt und diagnostiziert sind. Armut gilt weiterhin in weiten Kreisen der Bevölkerung als selbst verschuldete Schande, und Kinder neigen dann dazu, sich für ihr Elternhaus zu genieren. Hier gilt es, in der Neid- und Konkurrenzgesellschaft schulischen Gleichstand zu schaffen, um auf der Basis hoher sozialer Gerechtigkeit eine Klassengemeinschaft tolerant zu gestalten.

Die gegenwärtige Diskussion um die Schulformen der Zukunft polarisieren Eltern, Lehrer und auch Gesellschaftsschichten, die offensichtlich gar nicht Betroffene sind. Blickt man sich in der europäischen Schulwelt um, so haben sich Ganztags- und Gesamtschulen bis zum vierzehnten Lebensjahr mehrheitlich durchgesetzt, und dies wohl aus zwei Gründen.

Ein Grund ist der ökonomische, dass der überwiegende Bevölkerungsanteil arbeiten muss, um den sozialen Standard zu festigen und zu erhalten. Somit sind Väter und Mütter in den Arbeitsprozess eingebunden. Die immer wiederkehrenden Diskussionen über schulfreie Tage und lange Ferienzeiträume zeigen ja den Betreuungsnotstand der Kinder auf. Orientiert man sich also an diesem Maßstab, so ist eine schulisch ganztägliche Betreuung dringend angesagt. Dazu muss die Schule allerdings garantieren, dass die Kinder nach Tagesschulschluss und an Wochenenden *nicht* mehr schulische Hausaufgaben zu erfüllen haben. Dies erfordert ein Umdenken unter den Lehrpersonen, da auch die gegenwärtig halbtags geführten Internatsschulen diesen Forderungen nicht hinreichend nachkommen.

Eine neue Gesamt- und Ganztagsschule wird auch im Lehr- und Lernbereich bis zum vierzehnten Lebensjahr mehr Aufgaben zu erfüllen haben, um den Wildwuchs von Nachhilfestunden auszurotten. Es sei die kritische Frage in den Raum gestellt, ob das gegenwärtige schulische Lehr- und Lernangebot nicht kindgerecht ist und somit die Schüler überfordert. Wenn dem so wäre, dann sind die Lehrpläne grundsätzlich zu ändern. Möglich wäre aber auch, dass in der Leistungsgesellschaft Parameter angelegt werden, die nur durch die Zweitbeschulung durch Elternhaus oder Nachhilfelehrer die vorgegebenen Zielvorgaben erreichen lassen.

Unter diesen Voraussetzungen ist ein Hebel der Veränderung

rasch und ultimativ anzusetzen. Im Sinne eines Bildungs-*common trunk* muss man sich auf leistbare Größenordnungen im Schulablauf bis zum vierzehnten Lebensjahr einigen. Dann wäre nämlich für die spätere Schul- und Lebensentscheidung begabungsbezogen der richtige Zeitpunkt um das vierzehnte Lebensjahr gekommen. Vor allem der Wechsel in diesem Lebensalter zu berufsbildenden höheren Schulen wäre in der Tragweitenabschätzung mehr gesichert.

Förderung des Selbstbewusstseins der Schüler

In einem Buch über den »Lebensraum Schule« muss einfach auch klargelegt werden, dass es Vorkommnisse gibt, die mithelfen, ein negatives Lehrerimage aufrechtzuerhalten. Es kann aber auch anders gehen, wenn das Selbstwertgefühl eines jungen Menschen in seiner kritischen Phase der Pubertät gehoben wird, und das gelingt dann, wenn ein Lehrkörper ein Team darstellt und damit der Einzellehrer erfährt, wo man im Sinne des *compensando* den Schüler eben auch wertschätzt, weil er »andere« Fähigkeiten besitzt.

Wie oft hören wir von mangelndem Selbstbewusstsein von Jugendlichen. Der Lehrerschaft hingegen macht häufig das übersteigerte Selbstbewusstsein zu schaffen, wobei der Jugendliche vermeint, die Autorität der Lehrkraft unterwandern und in übersteigertem Geltungsbedürfnis die Lehrkraft herabmindern zu können. Häufig entsteht dies als ein Gruppenphänomen, dass gerade jene Jugendlichen mit ihrem übersteigerten Selbstbewusstsein zu Leadern oder Alphafiguren im Klassenverband werden. Ermutigend werden sie akklamiert und schaffen so ein destruktives Klima, dem Lehrkräfte kaum gewachsen sind. Dies geschieht in vermeintlich heiterer Form und entspricht dem Begriff des »Klassenkasperls«. Dieser nervt infolge seiner mitreißenden Kraft, keine noch so ironische bis zynische Pointe auszulassen, die Lehrer.

Solch beschriebene Kinder bzw. Jugendliche besitzen eine impertinente Fähigkeit, Schwächen der anderen, vor allem eben der Lehrer, punktgenau zu analysieren. Oft nehmen diese Schüler die verletzenden Aggressionen, die sie ausleben, gar nicht bewusst wahr. Dienen Schüler mit einem solchen Potenzial als Vorbild, ziehen sie zwangsläufig Nachahmer nach sich. Die Klassengemeinschaft gerät dann leicht aus den Fugen und das Gemeinschaftsgefühl gipfelt in einem zerstörerischen Potenzial, das Unterricht verunmöglicht. Solche kollektiven Gewaltmechanismen werden in der Tiefenpsychologie mit antisozialem Über-Ich benannt, wobei das Gewissen zwar ausgebildet ist, die Gewissensnorm jedoch verkehrt wird. So entsteht auch Terrorismus und findet Mitläufer.

Wiederum muss auf die pädagogische Diagnostik zurückgegriffen werden, manchmal auch unter Zuhilfenahme der psychologischen Diagnostik, um innerseelische Drucksituationen solcher Schüler – möglicherweise vom Elternhaus her – zu analysieren. Im Hintergrund steht häufig die oftmals angesprochene Welt der Minderwertigkeitsgefühle, die sich durch oben genannte Extrovertiertheit im Sinne von Geltungsbedürfnis freimacht. Hilfe für den Lehrkörper ist angesagt und es braucht dazu der Managementschulung, wie sie heute in der Wirtschaft bereits selbstverständlich ist.

Mit dem Eintritt in die Pubertät ist schulischerseits auch die kindliche Widerstandskraft – in moderner Sprache Stressresilienz – beachtenswert. Ein gesundes Maß an Widerstandskraft gegenüber misslichen Umständen des Schulalltages ist notwendig, und wer kennt nicht als Eltern, Schüler oder Lehrer die Notwendigkeit, auf innerseelische Reserven zurückgreifen zu müssen. Diese Widerstandskraft kann durchaus trainiert werden und erfordert immer wieder Kraftproben. Bei Volksschulkindern der ersten Klassen gibt es ein klares körperliches Ranking: Wer ist der Stärkste, der Zweitstärkste? Und nach den großen Ferien wird versucht, diese Rangordnung erneut zu überprüfen.

Mit Verlassen der Volksschule findet dieses Ranking in neuer Form anhand von sozialen Kompetenzen statt. Es bedarf dabei eines großen Maßes an Widerstandskraft, sich in der sozial relativ geschlossenen Einheit der Schule seine eigene Position zu suchen und diese zu festigen. Gerade die alltäglichen kleinen sozialen Verletzungen summieren sich, wenn rund um den Klassenstärksten und dessen Mitläufer Macht- und Ohnmachtsverhaltensweisen Platz greifen. Lehrer sind gefordert, immer wieder das gegenwärtige Klassenklima in Frage zu stellen und nicht der Versuchung zu unterliegen, auch noch mit Schadenfreude zuzusehen, wie andere den allgemein als missliebig definierten Schüler »fertigmachen«.

Ein optimales Schulklima

Schließlich muss auch ein Wort zur permanenten Wohlfühlgesellschaft gefunden werden. In dieser wird alles glorifiziert, dem Vergnügen und der Heiterkeit gefrönt. Als Devise gelten »well being« und »happiness«.

Im Eingangskapitel wurde die Schule unter anderem als Arbeitsgemeinschaft definiert, und als solche sollte sie durchaus auch das Wohlbefinden ermöglichen. Zeitgleich muss sie aber auch die Realität der Vermittlung der Lehrstoffe immer wieder darstellen. So schön der Begriff einer »Wohlfühlschule« wäre, den verantwortlichen Erwachsenen muss klar sein, dass die Schule als Arbeitsgemeinschaft unter optimalen Bedingungen existieren muss. Dazu sind eine optimistische Grundhaltung vorzuleben und permanentes Jammern über die Last des eigenen Alltages zu vermeiden. Erlaubt sei allerdings auch, in Authentizität die eigene Befindlichkeit, bezogen auf Alltagsereignisse, kundzutun. Zu vermeiden ist wiederum, die eigene Sorgenlast auf die anvertrauten Kinder zu übertragen.

Mehrfach wurde in diesem Buch bereits über Impuls- und Selbstkontrolle geschrieben. Mit dem Entgleiten der vormals gesicherten Kontrollen im Kindesalter beginnen in der Pubertät die Grenzüberschreitung und der Mangel an Fähigkeit, seine Impulse zu kontrollieren. Eltern ist dies mit ihren Kindern hinlänglich bekannt, leben die Pubertierenden doch innerhalb der Familie ihre Kontrollverluste aus. Im Kollektiv der Klassengemeinschaft kann diese Entgleisung zu einem gruppendynamischen Phänomen werden, das die einzelne Lehrperson heillos überfordert.

Die kollektive Entscheidung von Schülern einer Klasse, vorzeitig den Schultag zu beenden und gemeinsam nach der 4. Schulstunde die Schule zu verlassen, kann als Streich gewertet werden. Kollektive Racheakte können aber sehr rasch und leicht an der Grenze zur Kriminalität angesiedelt sein. Häufig können Tragweiten von den Jugendlichen selbst gar nicht abgeschätzt werden. Bedrohungen des Lehrers verbaler Natur, Diskriminierungen, die über Lehrer ins Internet gestellt werden, Drohbriefe bis hin zu Beschuldigungen von intimen Übergriffen wie auch die Anschuldigung, eine Lehrperson wäre am Schulschikurs mehrmals alkoholisiert gewesen, überschreiten das Maß von jugendlicher Tollheit. Pädagogisch einzusetzen sind bei solchen Vorfällen Antizipationstrainings zur Tragweitenabschätzung, gehört Letztere in diesem Lebensalter doch noch kaum zum Repertoire von Jugendlichen.

Die nächsten Absätze mögen als Abkehr von den bedrohlichen Negativdarstellungen dienen und mithelfen, das soziale Klima innerhalb einer Schulklasse zu optimieren. Junge Menschen sind grundsätzlich sehr offen für Neues und weisen ein hohes Maß an Neugierde auf. Eine solche gilt es immer wieder zu fördern und lässt sich aus ärztlicher Praxis folgendermaßen darstellen:

> Eltern erscheinen in der Ambulanz und berichten über Verhaltensauffälligkeiten ihres Kindes, wieder einmal stehen im Zentrum Lernunlust, das durchaus schlampige Verhalten und scheinbar Desinteresse an allem und jedem. Die Frage des Arztes geht in die Richtung, welche Interessen denn das Kind habe. Die darauf folgende Antwort der Eltern: »Anscheinend keines.« Ob denn das Kind einmal mit den Eltern oder alleine in die Ambulanz kommen würde? Die Antwort der Eltern: »Wir glauben kaum.« Dann folgen die Schlüsselworte, die fast jeden Jugendlichen zu einem Besuch einladen: »Machen Sie ihr Kind neugierig auf sich selbst.« Zur Ver-

> deutlichung: Im jugendlichen Lebensalter stehen die Fragen: »Wie bin ich? – Wie werde ich sein? – Wie ist Erwachsensein? – Welche positiven Eigenschaften habe ich?«, im Zentrum.

Es ist die zentrale Frage nach Selbsterkenntnis, die Neugierde weckt, und diese muss man nützen. Vielleicht würde sich vieles im Schulunterricht verändern, wenn die Lockung zur Neugier mehr Bedeutung bekäme. Es liegt allerdings an den didaktischen Fähigkeiten des Lehrers, einen sogenannten Spannungsbogen immer wieder zu errichten und aufrechtzuerhalten.

Als zentraler Ort sollte die Schule auch Kontakttraining vermitteln. Dabei lernt man, wie man mit Schüchternheit, Angst vor Nähe, Charme und Witz umgehen kann, um Kontakte zu schließen und ohne sein Gesicht zu verlieren. Viele Jugendliche klagen vor allem in Beratungen und Therapien über Kontaktängste. Auf die Frage, ob in der Schule entsprechende Trainings angeboten werden, wird dies meist verneint. Die beschriebenen Ängste sind bei männlichen und weiblichen Jugendlichen erstaunlich tief greifend, obwohl sie doch nach außen hin »ur-cool« auftreten.

Psychopathologie von Schülern im Alltag

Will man Perspektiven für die Zukunft im schulischen Lebensraum ausloten, so darf ein Kapitel über die Alltagspsychopathologie von Schülern nicht fehlen. Unter diesem Begriff versteht man Abweichungen in den Denk- wie auch den Gefühlsbereichen. Hinzu kommen Antriebsstörungen und Kommunikationsstörungen, die besonders in der schulischen Gemeinschaft auffallen und oftmals Fachleuten aus der Psychologie bzw. Kinder- und Jugendpsychiatrie zugeführt werden müssen.

Pathologische Erlebnis- und Belastungsreaktionen

Jedes Ereignis, das eine innerseelische Erschütterung hervorruft, führt zu Reaktionen im körperlichen Bereich wie etwa Schlafstörungen, zu Kopfschmerzen, Appetitlosigkeit, manchmal nächtliches Einnässen. Bei solchen erschütternden Ereignissen ist zu beachten, ob sie einmalig sind, wie z. B. der tödliche Unfall eines Elternteils, oder ob sie langfristig wiederholt stattfinden, wie z. B. an einem Kind begangener sexueller Missbrauch. Im intellektuellen Bereich findet man als Belastungsreaktion abruptes Leistungsversagen, Denkträgheit, schwere Konzentrationsstörungen, erhöhte Ablenkbarkeit. Emotional folgt einem Trauma häufig eine Trauer- und Angstreaktion, wobei die Bewältigung der Trauer auch als seelische Arbeit bezeichnet wird, bis das Geschehnis in der Erinnerung mehr und mehr verblasst. Schließlich kehrt, manchmal erst nach einem Jahr, der normale Alltag wieder ein, bis dahin aber machen sich auch soziale Auffälligkeiten bemerkbar. Diese äußern sich häufig in Streit- und Kritiksucht, in Angriffs- oder durch Rückzugsverhalten.

Diese Kenntnis ist notwendig, um einerseits dem Kind bzw. Jugendlichen direkt zu helfen, aber auch um die soziale Gemeinschaft einer Schulklasse behutsam mit einem solchen Ereignis zu konfrontieren und Verständnis zu wecken, was wiederum einen sozialen Lebenslernprozess darstellt.

Neurotische Reaktionen

Eine zweite Gruppe von psychopathologischen Auffälligkeiten sind die sogenannten neurotischen Reaktionen. Unter diesen Formen sind Depressionen, Phobien, also pathologische Ängste und Zwangsstörungen zu nennen. Außerdem kommen psychosomatische Erkrankungen hinzu.

Depressionen

Der Unterschied zwischen einer Trauerreaktion und einer Depression liegt klar erkennbar daran, dass eine Trauerreaktion erlebnis- und/oder ereignisbezogen ist, z. B. auf den Tod oder Verlust eines Haustieres, den Verlust einer Beziehung usw. Eine Depression lässt keinen Auslöser oder Anlass für eine seelische Verstimmung auffinden. Die zentrale Frage ist daher, wie im Lebensraum Schule mit Trauer und Depression umgegangen werden soll. Über einen traurigen Anlass sollte der Schüler ermutigt werden zu berichten und erlebt von Lehrkraft und Mitschülern eine Zuwendung, die seine Trauer lindern hilft. Der Schüler erlebt die Zuwendung und erkennt damit, dass ihm Mitgefühl zuteil wird.

Ein krasses Lehrerfehlverhalten sei in diesem Zusammenhang dargestellt.

> Ein zwölfjähriger Mittelschüler weint und schluchzt in der zweiten Unterrichtsstunde, in der er Französischunterricht hat. Die Lehrkraft, offensichtlich vom Weinen genervt, fährt den Knaben an, er solle rasch sagen, weshalb er weint. Der Schüler steht von seinem Platz auf und berichtet, dass in der vergangenen Nacht sein geliebter Großvater verstorben sei. In offensichtlicher Verkennung der Umstände herrscht ihn die Lehrkraft an, er möge dies dem Unterrichtsgegenstand entsprechend auf Französisch mitteilen.

Zugegebenermaßen ist es in großen Klassenformationen sehr schwierig, auf all die unterschiedlichen Stimmungs- und Gemütslagen der Schüler einzugehen. Am Beispiel der Methode der themenzentrierten Interaktion von Ruth Cohn, die selbst Lehrerin war, bevor sie als Psychotherapeutin zu arbeiten begann, sei eine der Grunddevisen ihrer Arbeit dargestellt: »Störungen haben Vorrang.« Unter dieser Devise schaffte sie es, ein Klassenklima zu entwickeln, in dem Vorfälle, Ereignisse, Missgeschicke u. dgl., die einzelne Schüler blockierten, offen ausgesprochen wurden. Der jeweils betroffene Schüler erfuhr Mitgefühl und Anteilnahme und konnte die Reaktionen der Mitschüler erleben. Die Mitschüler gaben mit ihren Feedback-Meldungen eigenen Erfahrungsschatz wieder. Im Laufe von wenigen Monaten veränderte sich das soziale Klima der betroffenen Schulklasse zu Einfühlsamkeit und Gewaltminderung. Dies wäre ein beispielhafter Ansatz des Miterlebens in einer sozialen Gemeinschaft.

Die neurotische Depression ist eine Gemütskrankheit, die ärztlich behandelt werden muss. Erkennbar wird sie im Klassenverband durch einen länger andauernden, nicht aufhellbaren Trauerprozess, gemeinsam mit einer Antriebsstörung, die schließlich medikamentös und psychotherapeutisch behandelt werden muss. Dramatische Folge einer Depression kann eine Suizidhandlung sein.

Suiziddrohungen
Ein besonders heikles Thema sind Suiziddrohungen von Schülern. Alljährlich nehmen sich Kinder und Jugendliche ihr Leben, und dabei wird immer wieder die Ursache auch im schulischen Bereich gesucht.

Folgende Umstände sind zu berücksichtigen: Nach Erwin Ringel geht einem Selbstmordversuch bzw. auch dem vollendeten Selbstmord ein *präsuizidales Syndrom* voran. Dieses ist gekennzeichnet durch eine situative und gemütsmäßige Einengung, die einem Röhrendenken bzw. Röhrenfühlen gleichkommt. Der betroffene

Schüler kann nur mehr an seinen persönlichen Konflikt denken und ist außerstande, aus dem Gedankenkorsett freizukommen. Er fühlt nur seine Verzweiflung und findet keine Lösungsvariante, um die Verzweiflung verlassen zu können. In dieser Phase verdichten sich die ersten Fantasien zu verschiedenen Lösungsvarianten. Als eine der Möglichkeiten taucht plötzlich die Vorstellung auf, mit einem Selbsttötungsakt wäre man aller Last des Lebens ledig.

Diese Fantasien führen fast immer zu verschlüsselten Botschaften, die den Suizid ankündigen. Spätestens zu diesem Zeitpunkt wird rasche Akuthilfe nötig, die vor allem im Gespräch mit dem Suizidanten gipfelt. Dazu gehört das aktive Zuhören, ohne den Hilfesuchenden herabzumindern oder zu belehren, man hätte selbst schon ganz andere Ereignisse durchgemacht, ohne das Leben wegzuwerfen. Jede suizidale Andeutung oder Handlung stellt einen Hilferuf durch eine Aktionssprache dar. Wenn man nicht mehr dazu imstande ist, sprachlich zu kommunizieren, verfällt man in die Planung einer Handlung oder setzt diese sogar um, um auf die innere Not aufmerksam zu machen. Wählt ein Kind oder ein Jugendlicher die Form der Selbstmorddrohung, fordert dies ein aktives Zuhören, um dem seelisch Verletzten das Erlebnis des vorbehaltlosen Angenommenwerdens zu vermitteln. In seinem gegenwärtigen So-Sein kann man ihm durch die Möglichkeit, das Leid auszusprechen, Lösungsvarianten anbieten, die den Horizont erweitern. Zusätzlich ist dem Betroffenen selbstverständlich professionelle Hilfe zu vermitteln.

Der Autor war in seiner langjährigen Berufserfahrung oftmals in die Diagnostik eines präsuizidalen Syndroms eingebunden. Immer wieder mussten Kinder oder Jugendliche stationär aufgenommen werden, da die Suiziddrohungen manchmal oft vermeintlich ausweglosen Situationen entsprangen. Zu innerfamiliären Sorgen gesellte sich oft die Verzweiflung über schulisches Versagen oder die Ächtung von Seiten der sozialen Gemeinschaft der Mitschüler. Immer galt es zu verhindern, dass es zum Phänomen der Aggressionsumkehr kam. Das bedeutet, dass die innere Hilflosigkeit zu

Verzweiflung und vor allem Wut führt. Die maximale Aggression, die ein Mensch gegen sich selbst haben kann, ist die Durchführung eines Selbsttötungsaktes.

Bei erfolgten Suiziden, vor allem, wenn diese in der Schule selbst stattfanden, ging die öffentliche Meinung überwiegend von einer Schuld der Schule aus. Von Seiten der Lehrkräfte und der Schulaufsicht wiederum wurde nahezu reflexhaft jedwede Schuld zurückgewiesen. Es handelt sich dabei um ein Phänomen, das in fast jeder öffentlichen Einrichtung – gleichgültig ob Schule, Spital, Jugendwohlfahrt oder eine ähnliche soziale Institution – anzutreffen ist, nämlich auf jeden Fall einen eigenen Schuldanteil von sich zu weisen. Auffällig war bei den meisten mir bekannten Fällen, dass die Schule ihre Nachforschungen immer systemeingebundenen Kontrollorganen überließ. Die Kontrolleure bestätigten dann erwartungsgemäß der Schule, sie trüge keine Schuld an dem Geschehen.

Angeregt sei hiermit, die Schulbehörde, als Beispiel für viele andere psychosozialen Einrichtungen ausgewählt, möge dem hier publizierten Appell folgen und solch tragische Fälle von systemunabhängigen Kontrolleuren untersuchen lassen.

Eine vor 15 Jahren durchgeführte wissenschaftliche Untersuchung ergab, dass bei 120 Suizidfällen von Kindern und Jugendlichen bis zum achtzehnten Lebensjahr innerhalb von zehn Jahren die beiden jahreszeitlichen Gipfel die Zensurmonate Februar und Juni waren. Eine erst jüngst publizierte wissenschaftliche Arbeit von Dr. K. Dervic zeigt auf, dass Jugendliche noch immer der Meinung sind, dass ein Mensch, der einen Suizid ankündigt, diesen nicht verwirklicht. Dieser Meinung muss in aller Deutlichkeit entgegengetreten werden, und Lehrkräfte täten gut daran, auf Suizidäußerungen sofort zu reagieren, da schon allein durch die Äußerung ein dramatischer Hilferuf ausgesandt wird. Österreichs Kinder- und Jugendpsychiatrien und im Vorfeld die Schulpsychologien stehen allzeit zur Hilfe bereit.

Allen Lehrpersonen nahegebracht sei es, Vorkehrungen für die Rückkehr eines Kindes oder Jugendlichen nach einem psychiatrischen Spitalsaufenthalt nach einem Suizidversuch zu treffen. Die Mitteilung, dass ein/e MitschülerIn sich das Leben nehmen wollte, führt zu einer kollektiven Schockreaktion innerhalb einer Schulklasse. Die Fantasien reichen von völliger Verständnislosigkeit bis hin zu Schuldgefühlen, der/m betroffenen MitschülerIn möglicherweise etwas angetan zu haben oder einfach zu wenig Beachtung aufgebracht zu haben.

Durch die unterschiedlichen Gefühlsempfindungen und Rückbesinnungen entsteht in einer Klassengemeinschaft leicht eine Spaltung, die der/dem rückkehrenden SchülerIn den Wiedereintritt in die Klassengemeinschaft erschwert. So müssen die Schüler vorbereitet sein, sich des Spottes zu enthalten, möglichst banale abschätzige Bemerkungen zu unterdrücken und durchaus reale Fragen zu stellen. Auf diese Weise vermitteln sie ihr Interesse und haben gleichzeitig für sich selbst die Möglichkeit, über den Freitod nachzudenken. Kein Mensch in unserem Kulturkreis ist frei von Suizidfantasien, allerdings treten diese nicht in Kombination mit der beschriebenen Einengung auf. Im Falle selbst eingestandener Hilflosigkeit, sich dieses Themas anzunehmen, sei der Schule angeraten, die hervorragend ausgebildeten Schulpsychologen beizuziehen.

Ängste und Phobien

Angst gilt als ständiger psychischer Begleiter in unserem Leben. Ängste erhöhen unsere Wachsamkeit und machen uns im Leben vorsichtig. Jedes Lebensalter hat bestimmte Ängste, die es jeweils zu überwinden gilt. Man kann dies als psychisches Training bezeichnen. Sie seien hier ganz kurz aufgezählt: die Achtmonatsangst des Säuglings, die Trennungsangst um das achtzehnte Lebensmonat, die Dunkelangst mit zwei Jahren, die Tier- und Gespensterangst um das dritte Lebensjahr, die soziale Einpassungsangst in die Gemeinschaft des Kindergartens um das vierte Lebensjahr und schließlich die Ängste vor dem großen Unbekannten und Neuen, das einen erwartet, in der Schuleintrittsphase.

Mit längerer Schulroutine tritt dann ein Gewöhnungseffekt ein. Hinzu kommen allerdings Prüfungs- und Versagensängste; diese können von Kindern mit übertriebener Ehrgeizhaltung gleichsam selbst gemacht sein. Diese Kinder erleben auch geringfügiges Leistungsversagen als eine individuelle Blamage und Katastrophe. Hier hilft in der Psychoedukation eine Ermutigungshaltung und in der pädagogischen Diagnostik die Ursachensuche unter Einbeziehung der Eltern.

Oft besteht bei mangelnder Zuwendung der Eltern einfach der Wunsch, diese durch hervorragende Leistungen zu gewinnen. Nicht vergessen werden sollten auch kognitive Minderwertigkeitsgefühle, die Kinder durch besondere Leistungen zu kompensieren versuchen. Immer wieder ist auch Geltungssucht zu beobachten, um Mitkonkurrenten aus dem Feld zu schlagen. Kinder hören ja schließlich immer wieder, dass einzig und allein Leistung zählt. Dabei stellt sich die Frage, wer welche Leistung nach welchen Maßeinheiten misst. Zu befürchten ist eine Kopflastigkeit, die der Psyche wenig Raum lässt. Eltern und Lehrern sei zugerufen: »Erkennt euch selbst!«

Neben lebensaltertypischen Ängsten häufig anzutreffen sind – schulbezogen – die *Schulphobien*. Eine Schulphobie zeigt in ihrer Symptomatik zwar eine Weigerung, die Schule zu besuchen und dort zu verweilen, dieses krankhafte Verhalten hat aber wenig mit der Lehrkraft oder den Mitschülern zu tun. Differenzialdiagnostisch muss selbstverständlich ein allfälliges Mitschüler-Mobbing ausgeschlossen werden. Es kommt auch vor, dass ein Kind einmal Angst vor seiner Lehrkraft oder vor einzelnen Lehrern entwickelt. Auch ist es möglich, dass sich beispielsweise ein besonders tollpatschiges Kind vor dem Turnunterricht oder dem Ballspiel fürchtet, weil es zum Gelächter der Mitschüler werden könnte.

Die Schulphobie tritt gehäuft in den ersten Schuljahren auf und lässt das Kind in den frühen Morgenstunden bereits in Angst und Panik verfallen. Dies geht mit einer sogenannten vegetativen Symptomatik einher, mit Krampfzuständen in der Magengegend, erhöhtem Pulsschlag, Zittern und Schwitzen, bisweilen auch morgendlichem Erbrechen. Forscht man familiendynamisch nach, so ist häufig eine Mutter-Kind-Symbiose vorherrschend und es findet sich eine ängstliche Mutter, die sich ihrerseits schwer von ihrem Kind trennt. Eine solche extrem ängstliche Mutter wird auch einen ängstigenden Erziehungsstil an den Tag legen und ihr Kind somit in einer Angstwelt aufwachsen lassen. Es kommt gleichsam zu einer vorstellbaren Schubumkehr, da das Kind Ängste der Mutter übernimmt und sich nicht von ihr trennen möchte. Dieses sich nicht Trennen-Können gleicht einer unbewussten Form des Bewachens der Mutter. Ein solches Kind fantasiert, dass es die Mutter in seiner Abwesenheit verlieren könnte und dann *mutterseelenallein* auf der Welt steht. Als erläuterndes Beispiel möge Folgendes dienen:

> Ein achtjähriger Knabe wird in der Klinikambulanz vorgestellt, da er sich seit mehreren Wochen weigert, in die Schule zu gehen. Er gibt immer wieder Körperbeschwerden an und erzwingt damit seine Bettlägerigkeit in den Vormittagsstunden. Ab dem frühen Nachmittag ist der Knabe wieder fidel und gesund. Bei der Erstexploration versucht der untersuchende Arzt eine gewisse Auflockerung in das Gespräch zu bringen und frägt Themenbereiche ab, die der Jahreszeit entsprechen: ob der Knabe schon schwimmen kann, ob er sich beim Sprung ins Wasser die Nase zuhält oder ob er bereits den Kopfsprung beherrscht usw. Die Antwort kommt wie aus der Pistole geschossen: »Wir gehen nicht schwimmen.« Auf die erstaunte Frage, weshalb denn nicht, folgt ein: »Man könnte sich verkühlen.« Auf eine weitere sportbezogene Frage, ob der Knabe Radfahren könne, erfolgt die Antwort, mit Blick auf die Mutter: »Wir gehen nicht Radfahren«. Und als Begründung auf ein neuerliches Nachfragen: »Man könnte stürzen und sich verletzen.«
>
> Dieses reale Beispiel mit dem Bezug einerseits auf »wir« und andererseits auf die Erkrankungs-/Verletzungsgefahr eröffnete für den Untersucher bereits den Diagnostikpfad, der zu einem die Pho-

> biediagnose unterstützte, zudem aber auch das soziale Problem eines Einzelkindes und einer relativ alten Mutter aufzeigte: Die soziale Gemeinschaft der Mitschüler hatte ihn als Muttersöhnchen zum Gespött auserkoren.

Kinder mit derartigen Anzeichen sollten so früh wie möglich Fachleuten vorgestellt werden, da die Aussicht auf einen Erfolg der Behandlung bzw. Betreuung viel größer ist, je früher therapeutisch begonnen wird. Schließlich müssen ja dem Kind und den Eltern, teils einzeln, teils parallel, Therapien zur Behandlung angeboten werden.

Eine andere Form der lebensaltertypischen Phobien sind die *Sozialphobien*. Dieses Phänomen zeigt sich in der Vorpubertät und Pubertät. Es treten pathologische Ängste vor und in der Gemeinschaft auf, gefolgt von Rückzugstendenz bis zur sozialen Adynamie. Der Auslöser für die Phobie kann durchaus banal sein, manchmal ein Alltagsstreit, ein spöttisches Wort, eine kleine Intrige – die Folge kann im dramatischsten Fall ein totaler Rückzug sein. Hinzu kommen sehr häufig Kontrollängste. Man versichert sich, dass alle Türen zugesperrt sind, dass sich niemand unter einem Bett versteckt hält, dass garantiert kein Feuer ausbrechen kann und Ähnliches mehr.

Auch bei diesen Kindern und Jugendlichen zeigt sich der Beginn der Symptomatik in Schulverweigerung. Eine der wichtigen Aufgaben der Schule ist auch in diesem Fall die außerschulische Recherche. Es kann kaum angehen, dass bei jährlich Dutzenden von kindlichen PatientInnen der Schulbehörde gar nicht aufgefallen ist, dass diese im Pflichtschulbereich die Schule nicht aufgesucht haben. An dieser Stelle sei erneut auf die verpflichtende enge Zusammenarbeit mit der Jugendwohlfahrt hingewiesen. Die Jugendämter haben bei Meldung von solchen Auffälligkeiten vor Ort zu recherchieren und Maßnahmen zur Therapiezuführung zu setzen.

Zwangssymptome
Zwanghaftigkeit tritt als Symptom in Gedanken und Handlungen auf. Zwanghafte Gedanken peinigen durch ein Wiederholen der Gedanken, ohne sich von diesen lösen zu können. Zwangshandlungen können beobachtet werden, indem bestimmte Handlungen wiederholt werden müssen, ohne dass man sie unterbrechen kann. Der zwangskranke Schüler ist also ein von seinen Gedanken Getriebener, der befürchtet, dass bei Nichteinhaltung seiner Ordnungsrituale Unheimliches oder Schreckliches passiert. Aus diesem Grund kann er von seinen Wiederholungszwängen nicht ablassen, quält sich selbst und ist seiner Umwelt unverständlich. Zwangshandlungen betreffen manchmal die Motorik, indem das Kind bestimmte Schrittkombinationen ausführen oder permanent Gegenstände berühren muss. Die Zwangsgedanken werden in bestimmten Wortkombinationen immer und immer wieder wiederholt und führen bei Verhinderung von außen zu schweren inneren Spannungszuständen, die sich bis zu Panikattacken erweitern können.

Auch diese Symptomatik hat häufig Hänseleien und Spott, aber auch oft Unverständnis seitens der Lehrkräfte zur Folge. Vorstellbar ist das Leid, wenn man sich gleichsam eine Fesselung der freien Gedanken vorstellt und diese Gedanken mit schicksalhaften Ereignissen und Vorahnungen verknüpft sieht.

- Eine Schülerin sitzt vor ihrem psychiatrischen Untersucher. Sie kommt wegen einer sicher gut auszuheilenden neurologischen Erkrankung und berichtet so nebenbei, sie würde neuerdings vor jeder Schularbeit das Notenergebnis beschwören wollen, indem sie mit drei Würfeln gleichsam um die Note pokert. Sollten alle drei Würfel sechs Augen zeigen, dann würde die Schularbeit mit einem »Sehr gut« benotet werden, erstaunlicherweise habe sich dieses Ereignis noch nie erfüllt.
- Ein anderer Jugendlicher berichtet, er würde – wenn er mit dem Aufzug in den 7. Stock fährt – nach dem Eintippen der Ziffer die

> Augen schließen, in Gedanken die Stockwerke nicht mitzählen und einen persönlichen Glückstag erleben, wenn er zufällig im 7. Stock die Augen öffnet; und dies in einem Haus mit 14 Stockwerken.

Um sich als Laie Zwangsgedanken vorstellen zu können, denke man an folgendes Beispiel:

> Jemand fährt auf der Westautobahn von Wien nach Salzburg. Auf der Höhe von St. Pölten überfällt ihn der Gedanke, ob er wohl Wasser und Strom abgedreht und die Türe zweimal verschlossen habe. Dieser plötzliche Gedanke verdichtet sich. Immer wieder versucht sich der Fahrer an die letzten Handlungen vor Verlassen des Hauses zu erinnern. Es dauert nun bis Amstetten, bis sich der Fahrer durchgerungen hat, umzukehren, um zu überprüfen, ob zu Hause alles in Ordnung ist. Eine andere Lösungsvariante wäre, daran zu denken, gut versichert zu sein, und ruhig nach Salzburg weiterzufahren. Die Gedanken zwischen St. Pölten und Amstetten kreisen permanent um die Erinnerung, welche Handlungen tatsächlich gesetzt worden sind.
> Ähnlich kann man sich die Problematik eines zwangsbehafteten Schülers vorstellen, dessen Leistung durch die Einengung schwer beeinträchtigt ist. Dieser kann die Lösungsvariante des Autofahrers, nach Salzburg weiterzufahren, allerdings nicht wählen.

Ein wichtiges Anliegen ist dem Autor der Hinweis, dass häufig auffällige Schüler, deren Verhalten man schlecht einordnen kann, ihre Gedanken und Handlungen nicht bewusst und absichtlich durchführen. Es scheint, als hätten sie – umgangssprachlich ausgedrückt – Marotten, sie sind aber in ihrer Symptomatik eingebunden und können nicht anders.

Der Lebensraum Schule wird künftig neben dem Bereich der Schulpsychologie mit hoher Wahrscheinlichkeit auch jenen der Schulpsychiatrie hinzufügen müssen. Viele Symptome von Kindern fallen Eltern nicht auf, wohingegen sie in der Gemeinschaft einer Schulklasse sehr deutlich werden können. Hinzu kommen, vor allem im Pubertätsalter, die lebensaltertypischen Krisen, hinter denen sich jedoch durchaus behandlungsbedürftige Krankheitsprozesse verbergen können. Baut die Schule ihr Angebot auf den Ganztagsunterricht auf, so werden auch jene wichtigen Persönlichkeitsanteile transparent, die sich im Freizeit- und außerschulischen Sozialverhalten erkennen lassen und vom Elternhaus häufig verschwiegen oder ignoriert werden.

Mutismus und Autismus

Bei *Mutismus* handelt es sich um ein Krankheitsbild, dem von Seiten der Schule oft wenig Verständnis entgegengebracht wird. Eltern berichten von ihren Kindern, dass diese zu Hause heiter sind und sprachlich kommunizieren können, außerhalb des häuslichen Rahmens jedoch mit niemandem zu sprechen bereit sind. Dieses Zustandsbild wurde früher meist mit Schwachsinn gleichgesetzt. Heute ist im Sinne des integrierten Denkens die Leistungsfähigkeit eines Menschen durchaus auch dann prüfbar, wenn dieser sich keinen mündlichen Prüfungen stellt. Sowohl Autisten als auch Mutisten können ihre Leistung durch schriftliche Arbeiten bestätigen.

Mutismus verhindert das freie und ungezwungene Sprechen mit allen Menschen, es handelt sich um Kinder, die nur mit ausgewählten Menschen ihres Umfeldes sprechen. Dies darf jedoch nicht mit Intelligenzminderung belegt werden, sondern erfordert exakte Diagnostik, eine Psychotherapie und ermutigendes pädagogisches Handeln, wobei Mutisten eine scharfe Beobachtungsgabe besitzen und an Gestik und Mimik leicht erkennen, ob man sie ausgrenzt.

Bei *Autismus* nach Kanner handelt es sich in der frühkindlichen Form um beeinträchtigte Sozialbeziehungen, Kommunikationsauffälligkeiten und ritualistische und stereotype Phänomene.

Bei *Autismus* nach Asperger ist ebenfalls eine Störung der Beziehungsfähigkeit auffällig; mangelnder Blickkontakt, mangelnde Expressivität, fehlendes Einfühlungsvermögen, isolierter Rückzug und ausgeprägter Egozentrismus runden das Störungsbild ab. Häufig werden ungewöhnliche und eingeschränkte intellektuelle Interessen an den Tag gelegt.

Dem Autor ist eine Gruppe von ca. 30 Autisten des Aspergerschen Typus bekannt, die hochintelligent, dem Laien allerdings als grenzwertig in der Beschulung erscheinen. Autisten haben ihre eigene Seins-Welt und setzen für ihre Umgebung unverständliche Taten.

> Ein fünfzehnjähriger Knabe wird ob seines immer skurriler werdenden Verhaltens dem Psychiater zur Diagnostik und Therapie vorgestellt. Der gesamte Bekanntenkreis der Familie vermutet eine dramatisch verlaufende Geisteskrankheit, die vermutlich in einem Daueraufenthalt in einer psychiatrischen Anstalt enden wird.
>
> Während eines Schuljahres empfindet sich der Schüler sogar als Hund, setzt sich während des Unterrichts zeitweilig unter seinen Schultisch, gibt knurrende Laute von sich, nimmt aber akustisch alles wahr, was in diesem Schuljahr unterrichtet wird. Seine Prüfungen legt er schriftlich ab, und dies mit sehr gutem Erfolg. Die beschriebene Phase geht zu Ende. Im nächsten Schuljahr kommuniziert der Schüler zwar nicht mit den Mitschülern, bereitet sich aber gewissenhaft auf die Matura vor und schafft dieselbe schließlich mit Auszeichnung, wobei auch die mündlich abzufragenden Gegenstände von ihm schriftlich absolviert werden. Der Betroffene ist in der Zwischenzeit Akademiker und Bibliothekar in einer österreichischen Landeshauptstadt.

Wenn Integration in der Schule ernst genommen wird, so verlangt dies ein hohes Maß an Toleranz gegenüber allen Formen von Behinderungen und Ungewöhnlichkeiten, die Menschen schließlich ein lebenswürdiges und ihrer körperlich-seelischen Ausstattung angemessenes Leben ermöglichen soll.

Psychosomatische Erkrankungen
Die Schule ist sicherlich nicht der Ort routinemäßigen Vorscreenings psychischer Erkrankungen. Sie ist aber dazu aufgerufen, allfälligen Symptomen Gehör zu verschaffen, wenn Eltern gesundheitliche Probleme ihrer Kinder offensichtlich nicht erkennen können oder wollen. Die Schule hat also die Aufgabe, Eltern, dem Schularzt oder der Jugendwohlfahrt beobachtete Abweichungen von Kindern zu melden. Letzterer bevorzugt dann, wenn Eltern auf die Hinweise der Lehrkräfte nicht reagieren.

> Wenn Mädchen offensichtlich stark abgenommen haben und anfänglich durch lose, weite Kleidung das Erkennen ihres körperlichen Zustands zu verbergen suchen, sind Lehrkräfte unbedingt verpflichtet, dem Schularzt Meldung zu erstatten. Wenn extrem abgemagerte Mädchen entweder gar nicht mehr mitturnen oder einen Befindlichkeitszustand an den Tag legen, der Alarm auslösen müsste, verbirgt sich dahinter sehr häufig das Krankheitsbild der Pubertätsmagersucht, die auch bei noch so vielen Versprechungen der Patientin, in Hinkunft das Essen wieder aufzunehmen, zu einem Spitalsaufenthalt führen wird. Die Autorität des Schularztes im Hinblick auf eine sportärztliche Untersuchung muss dann in Anspruch genommen werden, da Menschen mit dem Krankheitsbild einer Anorexie nervosa sich bis zum Verhungern kasteien können.

Ein Beispiel gegenteiliger Form für schulische Indolenz mag ebenfalls dargestellt sein.

> In den Morgenstunden überfielen ein vierzehnjähriges Mädchen heftige Wehen und gegen 5:00 Uhr morgens gebar sie einen Knaben. Sie nabelte das Kind alleine ab, sie wickelte es in wärmeschützende Leintücher und sie wollte das Kind in jener Ortschaft, in der sie lebte, an einem sicheren Ort ablegen. Sie stellte sich vor, den Neugeborenen auf eine Parkbank zu legen, an der vom Bahnhof

kommend, viele Menschen vorbeigehen würden. Dort würde das Kind aus ihrer Sicht mit an Sicherheit grenzender Wahrscheinlichkeit gefunden werden. Dieser an sich tragische Lebensabschnitt ist nur ein Teil aus dem Leben des Mädchens.

Viel dramatischer ist wohl zu werten, dass die adoleszente Frau noch eine Woche vor der Geburt, im Turnsaal ihrer Hauptschule, mitturnte und offensichtlich keine Lehrkraft imstande war, die vor der Geburt stehende Schwangere als solche zu erkennen. Es stellt sich somit die Frage, ob Schule Lebensraum mit allen – auch negativen und dramatischen – Varianten ist, oder ob man sich der möglichen Komplikationen im Leben der anvertrauten Kinder entziehen möchte.

Psychosomatische Erkrankungen bedürfen der Dolmetschfunktionen von allen an der Erziehung von Kindern beteiligten Menschen. Ein regelmäßiges Erbrechen kann auch bedeuten, dass dem Kind das Leben zum Speien ist, permanente Kopfschmerzen können auch das Kopfzerbrechen über das so seiende Leben ausdrücken, Magenschmerzen bei organischer Abklärung Hinweise geben, dass einem etwas im Magen liegen geblieben ist, und Durchfälle, dass man das Leben zum … findet.

Psychosomatische Erkrankungen sind schwere Erkrankungen mit Organ- oder realen Funktionsstörungen, deren Auslöser und Ursache in einem schweren intrapsychischen Konflikt zu suchen sind. Nicht verwechselt werden dürfen psychosomatische Symptome mit Hypochondrie; bei dieser handelt es sich um eingebildete Erkrankungen, bei denen man gleichsam jeden Tag etwas anderes hat.

Persönlichkeitsentwicklungsstörungen

Mehr denn je machen Jugendliche mit Persönlichkeitsentwicklungsstörungen der Schule Probleme. Unter diesem Begriff versteht man jene psychischen Abweichungen, die durch regelmäßige, die Entwicklung durchgehend beeinflussende, verbiegende Erziehungsformen hervorgerufen wurden, wodurch ein Kind nicht gesichert und sozial und emotional hinreichend gefördert aufwachsen konnte.

Hinter dem Begriff der Persönlichkeitsentwicklungsstörung verbirgt sich auch der umgangssprachliche Begriff der Verwahrlosung im Sinne der Luxus- oder der Mangelverwahrlosung. Die sozialen Bedingungen der letzten Jahrzehnte haben die Schere zwischen Wohlstand und Luxus und moderner Armut immer weiter auseinandergehen lassen. So fehlt den Kindern im Wohlstand jene Zuwendung, die zur Ausbildung einer entsprechenden moralischen Urteilsbildung und eines gesicherten Gewissens notwendig wäre. Wohlstandsverwahrlosung zeigt den Umstand auf, dass Besitztum, rasche Bedürfnisbefriedigung und Erfüllung momentanen Wunschdenkens die Erziehungskompetenz der Eltern mitbestimmt; sie kaufen sich damit von ihrer Verantwortung frei. Die Mangelverwahrlosung betrifft die bereits beschriebene stumme Armut, in der Eltern ihren Sozialkompetenzen nicht nachkommen können, da sie um ein sozial adäquates Leben ihrer Familie kämpfen müssen. Fehlen die entsprechenden moralischen Kriterien und sind die notwendigen Gewissensstrukturen mangelhaft gefestigt, lässt der Wunsch nach rascher Bedürfnisbefriedigung antisoziale Handlungen zu.

Wenn solche Mangelzustände auffallen, ist – aus Sicht des Kinder- und Jugendpsychiaters – die Jugendwohlfahrt zu verständigen und sind die verantwortlichen Stellen aufgerufen, vor Ort aktiv zu werden und nachsorgende Fürsorge zu betreiben. Heute gilt nicht mehr so sehr Julius Tandlers Satz: »Wer Kindern Paläste baut, reißt Gefängnismauern nieder«, sondern vielmehr der Auftrag: »Frühe Prävention ist kostengünstiger als langfristige, oftmalige Gefängnisaufenthalte.« »Fragt nach bei Sozialökonomen«, lautet hier der kategorische Imperativ.

Für die Schule stellt sich bei den Persönlichkeitsentwicklungsstörungen vor allem der Symptomenkomplex von Dissozialität, Asozialität, mangelnder sozialer Kommunikationsfähigkeit und

Rücksichtslosigkeit ins Zentrum. Im Kapitel über die Gewalt wird darüber referiert. Erste Auffälligkeiten zeigen sich gerne im Schulschwänzen, das einem Leistungsverweigerungsverhalten entspricht.

Psychopathologische Symptome im Pubertätsalter

Im Suchprozess nach Identität, Identifikation und Intimität, der das Pubertäts- und Adoleszentenalter gestaltet, treten eine Fülle von psychopathologischen Symptomen auf. Einzelsymptome, seien sie noch so ausgeprägt, bedeuten noch keinen Krankheitszustand, und so sei ausdrücklich darauf hingewiesen, dass solche kurzzeitig auftreten können, ohne dass daraus eine Diagnose abgeleitet werden müsste. Als Beispiel mögen passagere Denkstörungen mit der mangelhaften Befähigung, ein Denkziel zu erreichen, aber auch Ich-Störungen wie Depersonalisation und Derealisation gelten.

Die schwerwiegendste Erkrankung aus dem psychiatrischen Formenkreis ist die *Schizophrenie*. Diese hat bei frühzeitiger Diagnostik eine gute Chance, ausgeheilt zu werden. Auch für den Laien erkennbar sind die denkgestörte Struktur, die Unsicherheit im Denken, Fühlen, Wollen und Handeln sowie die nicht vorhandene freie Entscheidungsfähigkeit zwischen Haupt- und Nebenrealitäten. Manchmal gesellen sich noch Wahnsymptome hinzu. Einfälle mit Irrealität, Unkorrigierbarkeit und subjektiver Gewissheit prägen dann zusätzlich das Symptomenbild. Die Ausheilungschancen sind durch moderne Medikation und psychotherapeutische und psychosoziale Stützung sehr gut, meist verlieren derart erkrankte Schüler nicht einmal ein Schuljahr.

Von keinem Lehrer kann gefordert werden, medizinische Diagnosen abgeben zu können. Der immer wiederkehrende Appell muss aber lauten: Achten auf *Veränderungen* beim einzelnen Schüler. Dazu ist aber erforderlich, dass sich jeder Lehrer die Frage stellt: »Kenne ich meine Schüler überhaupt richtig, damit ich eine Veränderung feststellen kann?« Die hohen Klassenschülerzahlen mögen verhindern, dass dies immer und bei allen Schülern der Fall ist, aber wenn sich ein Lehrerteam, das eine Klasse betreut, dazu bereit erklärt, sich untereinander zu vernetzen, dann erhält ein Schüler ein individuelles Profil. Dazu ist es notwendig, einander gegenseitig Mitteilungen über Aktiva, Positiva und manchmal eben auch Negativa weiterzugeben. Auf diese Weise würde die Gesamtpersönlichkeit des Kindes inklusive des sozialen Hintergrunds transparenter und Hilfe könnte individuell abgestimmt geboten werden.

»Schwierige Schüler«

Zum Abschluss dieses Kapitels sollen noch zwei von Lehrern häufig beklagte Befindlichkeitsauffälligkeiten von Schülern erhellt werden.

Die Störer

Da ist einmal das Bild des Störers. Schon von frühen Schultagen an verhält sich dieser Schülertypus als *enfant terrible*, häufig laut, meist dazwischenredend, manchmal intrigant, stets darauf bedacht, Harmonie in Unruhe zu versetzen. Umgangssprachlich wird dieser Schüler häufig als frech bezeichnet und hinterlässt den Eindruck, er würde nie Ruhe und Frieden geben.

Der Hintergrund der Persönlichkeit dieser Störer ist ein narzisstisches Geltungsbedürfnis, in dem ein Mittelpunktstreben zutage tritt. Dies wirkt sich in sozialem negativen Betragen aus. Zur Lust, Aufmerksamkeit zu erregen, gesellt sich auch ein Hang zu subtilem Quälen von anderen, mit einer nahezu sadistischen Komponente, Gelungenes, von anderen hergestellt, zu zerstören. Dies kann einmal eine Gesprächsrunde sein, aber ebenso ein Werkstück oder eine liebevoll ausgearbeitete Geschenksidee. Wir kennen diese Kinder als Geburtstagsfeierzerstörer, als hoch problematisch bei Schulausflügen und Schikursen, also bei gemeinschaftlichen Unternehmungen.

Erhellt man bei diesen Kindern den sozialen Hintergrund, so finden sich ganz ähnlich wie bei aggressiv brutalen Kindern entweder Nachahmungszüge oder die Weitergabe von Selbsterlittenem.

Die österreichische Schule hat in den siebziger Jahren des vergangenen Jahrhunderts mit dem Einsatz von psychagogischen Betreuern und Beratungslehrern einen sehr guten Weg gewählt, solche Kinder sozial in die Klassengemeinschaft zu integrieren, indem nicht sofort nach dem Arzt und Psychotherapeuten gerufen wurde, sondern im sogenannten »vortherapeutischen Raum« in der Schule selbst sozialpädagogische Arbeit geleistet wurde. Diese kann im Einzelkontakt und zum Teil in Kleinstgruppen erfolgen. In die Zukunft geblickt, wird die Ganztagsschule in ihrer gesamtheitlichen Form wohl auf die drei Jahrzehnte lange Erfahrung der Psychagogen und Beratungslehrer unumgänglich zurückgreifen müssen.

Die Schüchternen
Unabhängig von einem introvertierten Charakter bedarf es der pädagogischen Diagnostik, um die Hintergründe der Schüchternheit eines Schülers herauszuarbeiten. Häufig sind wohlmeinende Erziehungsratschläge von Eltern Grund für die Schüchternheit des Kindes. Nach häufig geltenden Erziehungsmaximen fordert man vom Kind Anpassung, Höflichkeit, Unterwerfung bis nahe dem Kadavergehorsam und meint, somit ein braves Kind erzogen zu haben. Solche Kinder fühlen sich aber in der kindlichen Gemeinschaft des Kindergartens, der Schule, ja bisweilen auch bis weit hinein ins Erwachsenenalter nicht wohl. Das Kind sieht bei einer solchen Entwicklung in allen Erwachsenen Autoritäten und empfindet gleichzeitig ständig Furcht vor dieser Autorität, die rügt, straft und quält.

Schüchternheit drückt meist auch ein anerzogenes Minderwertigkeitsgefühl aus, sich nicht trauen zu dürfen und das Selbstbewusstsein nicht altersadäquat leben zu können.

Wenn die Ausrichtung von zur Demokratie erzogenen Menschen in ihrer Mündigkeit verhaftet sein soll, so kann dies nur bedeuten, dass Menschen mit Zivilcourage ihre Meinung kundtun dürfen. Das hat zur Folge, dass sich bisweilen auch eine Lehrkraft anhören muss, was der Einzelne oder ein ganzes Klassenkollektiv an ihr auszusetzen hat. Dies bedarf selbstverständlich eines Belastungstrainings in der Ausbildung von Lehrern, ein in Hinkunft immer wichtiger werdender Gegenstand an den pädagogischen Hochschulen. Es ist damit nicht nur die Steigerung von Frustrationstoleranz gemeint. Es bedarf des gut trainierten, erlernten Dialogs, um persönliche Kränkungen hintanzuhalten, vor allem darf sich negative Emotion nicht in Abwertung des Schülers oder gar in der Androhung einer schlechten Note äußern.

> Ein dreizehnjähriges Mädchen wird in einer Klinikambulanz wegen »Verhaltensstörung mit Auffälligkeiten durch Lügen und Stehlen« vorgestellt und der untersuchende Kinderpsychiater empfiehlt der Mutter eine kurz- bis mittelfristige psychotherapeutische Begleitung (Anm.: Weshalb? Welche Symptome?). Einmal wöchentlich kommt das Mädchen zum ärztlichen Psychotherapeuten, fasst bereits in den ersten Stunden Vertrauen, und die Arbeit schreitet gut voran.
>
> Etwa acht Wochen nach Beginn der Therapie erscheint die Mutter des Mädchens, macht in der Ambulanzhalle viel Lärm und macht ihrer Entrüstung über die Therapie und den dafür verantwortlichen Therapeuten lautstark Luft. Von der Ambulanzschwester hereingebeten, nimmt sie bei dem kritisierten Arzt Platz, wirft ihm ein Schulheft auf den Tisch und herrscht ihn an: »Lesen Sie.« Es handelt sich um einen Aufsatz zu dem Thema »Was mir an meiner Frau Fachlehrerin nicht gefällt«. Dieser Aufsatz wurde dem Mädchen als Strafarbeit aufgetragen, da sie kritische Bemerkungen gegenüber der Lehrerin geäußert hatte. Der Arzt liest den Aufsatz, blickt auf die Mutter und antwortet ihr: »Drei Rechtschreibfehler in dem Aufsatz.«
>
> Dies führt zu einer erneuten Erregtheit der Mutter, die aufgrund des Aufsatzes Sorge hinsichtlich der weiteren schulischen Laufbahn ihrer Tochter hat. Die ärztliche Frage an die Mutter lautet, ob der Inhalt – da steht zu lesen, dass die Lehrerin häufig schlampig geklei-

det sei, die Knaben der Klasse bevorzuge und Mundgeruch habe – in etwa stimmen könnte. Die Mutter bestätigt die kritische Analyse ihrer Tochter. Nun fragt der Arzt, ob sie sich noch erinnern könne, weshalb sie das Mädchen zur Behandlung vorgestellt hätte. In ironischem Ton fährt er fort, ob er mit der Tochter eine Rückkehr besprechen und den augenscheinlichen Erfolg im Hinblick auf die Ehrlichkeit wieder zunichte machen solle. Es folgt ein entsetztes Aufblicken der Mutter, und zu ihrer Ermutigung erklärt der Arzt, sich selbstverständlich mit der Lehrkraft telefonisch ins Einvernehmen zu setzen, um mit ihr die Themenwahl des Aufsatzes, aber auch die mögliche Kritik des Mädchens zu überlegen.

Aus diesem Telefongespräch entspann sich ein interessanter Dialog, und die Fachlehrerin bedankte sich für die – schließlich unfreiwillige – Beratung herzlich.

Minderwertigkeitsgefühle treten häufig auf und lassen denjenigen, der sich minderwertig fühlt, ungeheuer leiden. Das Leid basiert auf dem permanenten Zwang, in Superlativen denken zu müssen. Man sollte vermeintlich der Beste, Schönste, Wichtigste, Stärkste im Leben sein und unterliegt immer irgendjemanden, der vermeintlich eine der angesprochenen Bestmarken erreicht hat. Kommt dann noch hinzu, dass die Minderwertigkeitsgefühle bedingt durch Teilleistungsschwächen durchaus reale Hintergründe haben, nützt auch Trost nichts, es gilt vielmehr, dem unvollkommenen Menschen – wir alle sind nicht vollkommen – Mut zum Ertragen seiner Schwächen zu vermitteln. Die Devise: »*Nobody is perfect*«, darf aber nicht dazu führen, sich in Schwächen hineinfallen zu lassen und einen Egalismus – »so ist es halt« – zu leben, sondern es sollte ein Gleichgewicht des Menschen wiederhergestellt werden. Dazu bedarf es der individuellen Stärken, die ausgleichend zum Einsatz kommen sollten.

Schule und soziales Lernen

Fasst man die Kriterien des Sozialen Lernens in persönlichen Fürworten zusammen, dann ergibt sich ein Achsengerüst aus ICH, DU, WIR und ES.

ICH ist das Individuum, das gleichsam durch die Persönlichkeitsentwicklung der Adoleszenz in Not geraten ist und neu formatiert werden muss. Das DU sind alle Beziehungspersonen, seien sie intrafamiliär, gleichaltrig unter Mitschülern oder Autoritätspersonen, mit denen Nähe und Distanz geklärt werden muss. Das WIR stellt die soziale Gemeinschaft dar, die vor allem im Schulbereich das Ziel der gleichen Augenhöhe von Gleichaltrigen und das partnerschaftliche WIR mit den Lehrpersonen zum Ziel haben muss.

> Ein Lehrer einer englischsprachigen internationalen Schule teilt einem Schüler mit, er habe das Wochenziel in Mathematik nicht erreicht, wobei er primär gar nicht nachforscht, warum dieses Ziel nicht erreicht wurde. Er ermutigt den Jugendlichen, die nächsten Tagen zu nützen, um aufzuholen und den Anschluss an die Klassengemeinschaft zu finden. Nach dieser Ermahnung und Aufforderung klopft er dem Jugendlichen ermutigend auf die Schulter und fordert ihn auf, mit ihm nunmehr auf den Sportplatz zu gehen, um eine Basketballrunde im Wettkampf der Würfe abzuführen. Der Jugendliche fühlt sich bei aller Kritik angenommen und erreicht nachweislich – 14 Tage später – das allgemeine Klassenziel wieder.

Bleibt nun das ES; dies ist gleichsam die »Sache«, nämlich der Lernstoff im intellektuellen Bereich. Übung und Training müssen im Zusammenhang mit Emotionalität und sozialer Kompetenz erfolgen. Aus dem Zusammenwirken aller drei mit Fürworten belegten Positionen wird schließlich das jeweilige vorgenommene Ziel erreicht.

Wie schon in früheren Kapiteln dargestellt, kommt das einzuschulende Kind mit einer gelernten Beziehungsstruktur 1. Ordnung aus dem Elternhaus und bringt diese Strukturerfahrung mit anderen Kindern, entweder Geschwistern oder Freunden bzw. Kindergartenbegegnungen, mit in die Schule. In dieser kommt es zu völlig neuen Formen der Begegnung, sehr stark abhängig von der ersten Lehrerpersönlichkeit, aber auch von der sozial-politisch-ideologischen Ausrichtung der Schule. Da steht die allgemeine Volksschule öffentlichen Rechts konfessionellen Schulen gegenüber und da sind die reformpädagogischen Schulen, die ebenso wie sogenannte »Freischulen« ein von den Eltern gewünschtes und ihnen nahestehendes Konzept vertreten. Bei allen Aufträgen, die der Schule in ihrem Lernpensum und der jeweils altersmäßig festgelegten Erreichung eines Jahreszieles abverlangt werden, liegt es gerade am Sozialen Lernen, wie die Stofffülle vermittelt und das Lernziel erreicht wird.

Erste Sozialisation
Orientierungshilfe soll ein vorgeschlagenes Konzept »Soziales Lernen« vermitteln:

Eine wichtige und den Menschen ein Leben lang begleitende Ritualform ist das Begrüßen und Einander-Kennenlernen. Bei allen Begegnungen bedarf es entsprechender kulturspezifischen Begrüßungsformen. Dies geschieht, indem man sich und andere einander vorstellt bzw. vorgestellt wird. Dies erfordert einen entsprechenden Blickkontakt, und wer erinnert sich nicht an den elterlichen Satz: »Schau dem anderen in die Augen«, und die Formen der Handreichung unseres Kulturkreises, z. B. »Gib die schöne Hand«, womit die Rechte gemeint ist. Die Sprache der Vorstellung soll deutlich verstehbar sein und es ist nicht zufällig, dass in vielen Kulturkreisen auf die Nennung des eigenen Namens so reagiert wird, dass dieser vom Gegenüber wiederholt wird. In den angloamerikanischen Ländern in der Konversation sogar immer und immer wieder. Das ist ein wichtiger Einprägungsvorgang, den man von Kindesbeinen an nicht oft genug trainieren kann. Oft hören wir auch von Erwachsenen den Standardsatz: »Ich kann mir Namen einfach nicht merken.« Mit der Begrüßung und Vorstellung ist aber nicht nur der Name ins Zentrum gerückt, sondern es bedarf auch einzelner individueller Botschaften, die eine Begegnung abrunden und die ein Gegenüber mit Merkmalen ausstatten.

Schon in den ersten Tagen nach dem Schuleintritt wird es meist der familiäre Rahmen sein, der Interesse weckt. Es wird Neugier bestehen, ob man z. B. Geschwister hat oder welchen Berufen die Eltern nachgehen. Die Nennung des Namens eines Haustieres oder die Erzählung über besondere Hobbys gewinnen an Bedeutung, um ein Persönlichkeitsbild abzurunden. Vor allem schüchternen Kindern muss in dieser Vorstellungsphase geholfen werden, da sie sich häufig vor der Autorität der Lehrperson bzw. der neuen großen Gruppe, nämlich der Schulklasse, durch ein gewisses Schamgefühl eingeengt fühlen. Dominante Kinder tun sich einerseits leichter, sind aber durch diese ihre Eigenschaft in der Klassengemeinschaft manchmal sozial schwer erträglich. Es liegt in dieser ganz frühen »Schulprägungsphase« an der Lehrkraft, einen Weg zu finden, auf diese unterschiedlichen, individuellen und sozialen Bedingungen Bedacht zu nehmen und ausgleichend einem ruhigen Kind Mut zuzusprechen und ein lebhaftes Kind ein wenig einzubremsen.

Um die Gruppenbildung zu erleichtern und auch zu beschleunigen, hilft das Ritual des aus dem Kindergarten schon gewohnten und bekannten Sesselkreises. In diesem kann sich jedes Kind rundum in Frage und Antwort einbringen. Das Kind lernt aber auch, aufmerksam und mit einem gewissen Maß von Geduld einem anderen Kind zuzuhören, wobei Form und Thema durch Zielvorgabe der Lehrperson bestimmt ist. Dazu bedarf es seitens der Lehrperson allerdings auch eines – vorbehaltlich sogenannten – Exhibitionismus ihrer Person, um die Kinder auf eine neu in ihr Leben eingetretene Person neugierig zu machen. Pädagogen müssen sich nicht, wie

Therapeuten, in persönlicher Abstinenz üben, sondern können und sollen sogar auch ihre Vorlieben z. B. für Haustiere, für die Natur, für bestimmte Hobbys usw. kundtun. Vielleicht wäre es ja für die Lehrkraft im Laufe der Zeit auch notwendig, ein wenig von ihren Alltagsbefindlichkeiten einfließen zu lassen, die dies unter ihrer Vorgabe langsam auch den Kindern zuzugestehen, sodass diese schließlich auch einander Befindlichkeiten mitteilen.

Die ewig bange Frage taucht auf, wie dies in einer so »großen« Klasse und mit so vielen Kindern unterschiedlicher Ethnien denn gehen soll. Alleine schon diese Vorstellung lässt Lehrer oft an sich zweifeln. Vielleicht sind gerade die Unterschiede, wie Menschen auf der ganzen Welt einander begrüßen, ein erster Anfang. So fände sich ein sozialer Beginn, dass die Menschen Kommunikation lernen müssen und dafür unterschiedliche Gesten verwenden. Auf diese Weise würde man erkennen, dass es keinen wesentlichen Begegnungsunterschied macht, ob sich jemand mit gefalteten Händen oder mit herunterhängenden Armen oder mehr oder weniger tief vor einem anderen verbeugt. Interessant ist auch, ob das Gegenüber mit Handschlag grüßt oder gar den anderen umarmt.

Nähe und Distanz, Gefühle und Empfindungen

Sehr wichtig ist auch die Erfahrung im Sozialen Lernen, wie man mit menschlicher Nähe und Distanz umgeht. Klargemacht wurde den Kindern schon vor Schulbeginn, dass Streitnähe mit Raufen, Schlagen und schmerzvollen Berührungen und Unterdrücken verboten ist. Hingegen soll einem niedergefallenen Kind aufgeholfen oder dem Freund mit der Gipshand vielleicht einmal die Schultasche getragen werden. Es gilt somit, wichtige Nähe, auch körperlicher Art, positiv zu erkennen. Körperliche Nähe ist sicherlich im Turnunterricht vertrauensbildend, sei es in Kreisspielen, sei es bei körperlicher Hilfestellung, wenn etwa ein Kind Angst vor dem Gehen über eine Langbank hat, weil es sich nicht schwindelfrei fühlt. Wie fühlt sich das Erlebnis an, wenn ein Kind über den Schwebebalken gehen möchte und von einer Mitschülerin an der Hand geführt wird? Auch die kindlichen Spiele wie »Blinde Kuh«, aber auch mit verbundenen Augen sicher durch einen Parcours geführt zu werden, schaffen ein hohes Maß an Sicherheit und gegenseitigem Vertrauen.

Im Laufe des ersten Schuljahres gilt es nun, neben dem Lernstoff Gefühle und Empfindungen wahrzunehmen und ihnen auch verbal Ausdruck zu verleihen. Dies kann z. B. durch morgendliche Befindlichkeitsmeldungen stattfinden. Am Wochenende hat man etwa durch Begegnung mit Verwandten viel Freude erfahren. Ein anderes Mal kann es die Vermittlung der Trauer bei Verlust eines Haustieres sein. Es dürfen Ängste öffentlich geäußert werden (z. B. wenn in der Nachbarwohnung eingebrochen wurde). Im Unterricht können die jahreszeitlichen rituellen Freuden um Festtage oder Inhalte von Gefühlswahrnehmungen und deren Ausdruck multikulturell gestaltet werden.

Mit der Eingewöhnung in den Schulalltag der ersten Klassen gerät das Kind in eine neue emotionale Entwicklungsphase, in der Forderung – Überforderung, Versagen und bisweilen auch Verzweiflung aufkommen kann und darf. Dahingehende Äußerungen werden durch begegnende Stärkung und Ermutigung abgefangen. In der gemeinschaftlichen Wahrnehmung innerhalb der Klasse macht dies auch anderen Kindern Mut, z. B. Überforderungen oder Lernblockaden kundzutun. Über ihre Äußerungen dürfen die Kinder erleben, nicht verschreckt oder abgewiesen zu werden. Auch Rollenklischees soll erklärend begegnet werden: Abwertungen wie eine »Heulsuse zu sein« oder »kein richtiger Bub zu sein«, wenn man kein Raufer ist, sind einer Diskussion zugänglich zu machen. Die Kinder sollen auf diesem Weg lernen, Gefühlsäußerungen abzugeben, ihre Wichtigkeit einzugestehen und jene Scham abzubauen, womöglich »nicht cool« gewirkt zu haben.

Der Erwerb von Entscheidungskompetenz

Ein weiteres schwieriges Kapitel des Sozialen Lernens ist der Erwerb von Entscheidungskompetenz.

In lange zurückliegender, falsch verstandener pädagogischer Ausrichtung wurde Kindern gerne fast jede Entscheidungskompetenz abgesprochen. Sie wurden gleichsam entmündigt, weil »so kleine Kinder gar keine Meinung haben dürfen und auch Entscheidungen nur im Minimalausmaß treffen sollen«. Wenn wir Kinder in eine moderne Welt einführen wollen, so muss Entscheidungskompetenz frühzeitig geübt und trainiert werden.

Dem ist voranzustellen, dass eine Fehlentscheidung keine dramatischen Folgen haben darf, sondern immer dazu Anlass sein muss, über den Entscheidungsweg des Für und Wider und des Letztentschlusses nachdenken zu dürfen. So erwirbt man sich Kenntnis, was an einer getroffenen individuellen Entscheidung subjektiv, aber auch objektiv nicht gestimmt hat. Das Kind muss lernen, dass es diese Unterscheidung geben kann und dass man sich selbst erlaubterweise für eine bestimmte Richtung entscheiden darf. Diese Entscheidung kann subjektiv und für dieses Kind sogar richtig sein, obwohl die Gemeinschaft die Entscheidung nicht gutheißt. Nur durch immer wiederkehrendes Diskutieren und Kompetenzhilfe von außen bei Entscheidungen zwischen zwei Möglichkeiten wird ein Kind sicherer. Wenn es dann noch andere Möglichkeiten anzudenken gibt, manchmal auch unwahrscheinliche, so stärkt dies das Entscheidungsbewusstsein noch mehr und gibt Sicherheit.

In diesem Zusammenhang ist wiederum auf die Wichtigkeit der Rhetorik, insbesondere der Befähigung zu Rede und Gegenrede, hinzuweisen. Es ist durchaus angebracht, dass Lehrpersonen, die eine subjektiv richtige, für das Kollektiv aber objektiv falsche Entscheidung getroffen haben, dies auch einbekennen dürfen. Mittels der Technik widersprechender Argumente, manchmal sogar durch Streitkultur, soll vor allem zielführende Argumentationskultur vorgeführt und trainiert werden. Auch in diesem Zusammenhang vergesse man nicht die wesentliche Kraft des Imitationslernens.

Soziales Lernen bedeutet nicht nur zu lernen, Entscheidungen zu treffen, sondern mit Widersprüchlichkeiten des kindlichen Lebens umzugehen. Wie oft hören wir, man möge die Kinder »Nein-Sagen« lehren. Hiezu ergeben sich Bedenken, wenn man dies konsequent verfolgen würde. Hat man nämlich das Kind zum Nein-Sagen hinerzogen, birgt das Probleme in sich. Es wird dann gegebenenfalls bei der Aufforderung, alte Zeitungen in den Altpapiercontainer zu tragen oder gemeinsam Rechenformeln bzw. Fremdsprachenvokabel zu üben, ebenfalls mit Nein antworten. Dieses Nein, das immer wieder propagiert wird, ist der Versuch, die alten autoritär-patriarchalischen Erziehungsbefehle zu überwinden. Gehorsam bedeutete in der autoritären Erziehungsstruktur, vorbehaltlos Ja zu sagen. Die Autorität wusste ja alles und kannte und verantwortete dieses »Wissen« vermeintlich auch. Ein Widerspruchs-Nein war Ungehorsam und musste bestraft werden. Im Gegenzug folgte dann ein bestimmter neuer Erziehungsstil: »Lehrt die Kinder Nein-Sagen.« Notwendig ist dies bei Gelegenheit, aber nicht als bindende Erziehungsdevise.

Kindern ist das Gegensatzpaar von Ja und Nein so darzustellen, dass die Fähigkeit, sich vorausdenkend auch Konsequenzen überlegen zu können, vermittelt wird. Es liegt viel Erziehungskompetenz bei Eltern *und* Lehrern darin, nicht leichtfertig ein Ja oder Nein vorzusagen und vorzuleben und diese Entscheidung dann selbst nicht durchhalten zu können oder eigenständig zu unterwandern. Beide Worte beinhalten zwar nicht Letztgültigkeit, aber doch eine verlässliche Aussage, wie man vorzugehen gedenkt. Spätestens in der Pubertät wird es auch notwendig werden, zwischen diesen beiden Worten das Wörtchen »vielleicht« einzufügen. Damit hält man den Letztausgang manchmal offen, zumindest so lange, um Zeit zu gewinnen, also der kategorialen Endentscheidung vorerst noch auszuweichen.

Ehrlichkeit und Lüge

Zu diesen obgenannten Überlegungen sei auch ergänzend nahegebracht, wie man mit dem Begriff »Geheimnis« umgehen sollte. Immer wieder lesen wir in der pädagogischen Literatur und in Ratgebern, es gebe »gute« und »böse« Geheimnisse. Diese Kategorie bedarf in der Tragweitenabschätzung aber bereits einer guten moralischen Urteilsfähigkeit. Was soll man verschweigen, was will und darf man erzählen? Zusätzlich fordert der Begriff »Geheimnis« eine Auseinandersetzung mit den Begriffen von »Ehrlichkeit« und »Lüge«.

In der Vorschulphase lehrt uns die Entwicklungspsychologie und auch die Psychopathologie, dass es die »echte« Lüge noch gar nicht gibt. Hinter einer solchen liegt die Vorsätzlichkeit, und aus der Lüge muss ein Benefit abzuleiten sein. Mit dem Schuleintritt und dem logisch-realen Denken werden Lügen allerdings bereits gezielt eingesetzt, wenn man z. B. zu Hause erklärt, man hätte keine Schulaufgabe bekommen, weil es dem Kind lustiger ist, sich am Nachmittag mit Freunden bei einer Geburtstagsfeier zu treffen. Auch ist allen Lehrern die österreichische Standardlüge bekannt: »Ich habe meine Aufgabe vergessen.« Der Autor bekennt, niemals in seiner gesamten Schulzeit eine Aufgabe vergessen zu haben, er hat sie vielmehr nicht gemacht, weil ihm andere Dinge wichtiger waren, die – vorteilhaft betrachtet – einen höheren Reiz in sich trugen: Fußball zu spielen, sich mit Freunden und Freundinnen zu treffen oder einfach träge auf einem Sofa herumzuliegen, Literatur zu lesen, die nicht schulisch für wertvoll anerkannt wurde.

Kehrt man nochmals zu den »Geheimnissen« zurück, so begegnet dem Kind der Begriff des Geheimnisses zuallererst in der Märchenwelt. Da gibt es einen Ring, der geheimnisvoll Wünsche erfüllt, eine Kopfbedeckung, die unsichtbar macht, ein Gefäß, dessen Stöpsel man herauszieht und dadurch einen Geist befreit, der alle Wünsche erfüllt. All diese Gegenstände sind mit einem Geheimnis behaftet, dürfen unter keinen Umständen verraten werden, da sonst ihre Zauberkraft schwindet.

Und dann wird in der Pädagogik von »bösen Geheimnissen« gesprochen, z. B. bei Kindern, die sexuell missbraucht werden. Diesen Kindern wird vom Täter immer und immer wieder versichert, sie beide hätten miteinander ein »süßes Geheimnis«. Die kinderschützende Umwelt bezeichnet dieses Geheimnis als »böses Geheimnis«, und nun gerät das Kind in ein enormes Dilemma bezüglich des Wahrheitsbegriffes. So gesehen ist es Aufgabe der Schule, neben den Eltern immer wieder mit den Kindern über den Begriff der »Ehrlichkeit« und des Sich-anvertrauen-Könnens zu sprechen.

Eine der ethisch ganz hochstehenden sozialen Kompetenzen ist die Ehrlichkeit, wenn man dem Begriff der »Wahrheit« eine zusätzliche sozial-philosophische Komponente zumisst. Ehrlichkeit bedeutet in diesem Zusammenhang das Einbekennen von Geschehnissen, an denen man unschuldig oder schuldhaft teilhatte und die einen schlechten oder sogar verbotenen Ausgang nahmen. Vor allem jene mitverschuldeten Vorfälle ziehen für das Kind subjektiv meist unangenehme Konsequenzen nach sich, die es berechtigterweise fürchtet. Es können Entzugsstrafen oder Aktivstrafen sein; hier muss immer wieder auf die Verhältnismäßigkeit der Strafe oder der Versagungssituation Bedacht genommen werden, die man einem Kind angedeihen lässt. Niemand will das Kind zur Unehrlichkeit, schließlich zur Lüge erziehen. Es geht um Achtung und Vertrauen, die nicht geschwächt werden dürfen. An einem kleinen Beispiel sei dargestellt, wie schwierig es für ein Volksschulkind ist, Geheimnisse für sich zu behalten.

> Es war im Jahr 1951 an einem Donnerstag Nachmittag, als ein sechsjähriger Bub für jenen bevorstehenden Sonntag im Mai eine kleine rote Zimmergießkanne mit eigenem Taschengeld und mit Unterstützung durch den Vater erwarb. Er versteckte die Gießkanne an sicherem Ort und erwähnte der Mutter beim Gutenachtsagen gegenüber, dass er ein Geheimnis habe, das er ihr nicht erzählen

> dürfe. Tags darauf erzählte derselbe Bub am Nachmittag, er hätte ein Geheimnis, das auch der Vater kenne, aber die Mutter dürfe unter gar keinen Umständen den Vater fragen, da er – der Bub selbst – dann in die Schwierigkeiten käme, über das Geheimnis schon gesprochen zu haben. Beim abendlichen Gute-Nacht-Sagen kam ein Hinweis auf den bevorstehenden Sonntag und dass das Geheimnis mit diesem etwas zu tun hätte. Schließlich war das Geheimnis der Zimmergießkanne samstags am Nachmittag »heraußen«, nur die Farbe habe *ich* geheim gehalten.

Fazit ist, dass es zu den schwierigsten Erziehungsrichtlinien gehört, zu lehren, wie man die eine Information bei sich behält, andere Informationen im Familienkreis preisgibt und diskutiert und wiederum andere Informationen aus dem Familienkreis nicht hinausgetragen werden sollen, da sie in der Öffentlichkeit nichts verloren haben.

In der Schule wird über den Begriff des Geheimnisses immer und immer wieder diskutiert werden müssen, und dabei sollte man die Autonomie des Einzelnen unangetastet lassen. Als Schüler muss man lernen, dass es einfach auch das *Geheimnis* gibt, mit dem man sich – auch wenn es ein Geheimnis ist – sehr vertrauten, verlässlichen Personen voll anvertrauen kann. Hier spannt sich ein Bogen zum sexuellen Missbrauch und zur Kindesmisshandlung, von dem wissenschaftlich belegt ist, dass KindergärtnerInnen und LehrerInnen die wichtigsten Ansprechpersonen über diese kriminellen Geheimnisse sind. Dieser Bezugspersonenkreis gehört nicht zur Familie und weist gerade deswegen einen hohen Vertrautheitsgrad bei den Kindern auf.

Imitation und Theater

Ein weiteres zu beachtendes Faktum sollte das soziale Erlernen von kulturkreisspezifischer Gestik und Mimik sein. Gerade in multiethnischen Schulen, wie sie in Österreich Platz gegriffen haben, bedarf es des spielerischen Lernens über gestische Muster. Nimmt man das

Beispiel des Heranwinkens eines Menschen, so werden wir als Österreicher die Hand ausstrecken, den Handteller nach oben halten und die Hand mehrmals in kurzen Abständen nach oben krümmen und den Ellenbogen in Richtung des Körpers heranziehen. Menschen aus romanischen und zum Teil auch südosteuropäischen Ländern winken einen anderen mit der Handfläche nach unten heran. Das ist eine Gestik, die bei uns eher dem Wegschicken entspricht.

Sprache und Mimik können leicht missgedeutet werden, wenn z. B. die Sprachmelodik einer Sprache stark von Konsonanten durchsetzt ist und fast befehlhaft bis schreiend wirkt, obwohl der Inhalt durchaus ein freundlicher sein kann. Auch in der Lautstärke der Kommunikation unterscheiden wir uns häufig sehr nationalitätenspezifisch.

Eine spielerische Hilfe für Kinder unterschiedlicher Ethnien sind zweifellos Pantomimenspiele, bei denen z. B. ein Beruf oder Begriff dargestellt wird, ohne ein Wort zu sprechen, und die anderen Kinder diesen dann erraten müssen. Es lässt Freude aufkommen, wie man auch tatsächlich »sprachlos« kommunizieren kann. Diese Fertigkeit wird in einer globalisierten Welt bei Reisen in Weltregionen benötigt, wo man weder das Schriftbild lesen kann noch die Sprache im Geringsten beherrscht. Spielerisch und vergnüglich lässt sich dies im frühen Schulalter erlernen und lockert den Schulunterricht auf. Auch Humor ist damit zu vermitteln.

Im Sinne einer zukünftigen Gesamtschule mit großem Augenmerk auf der sozialen Kompetenz der Kinder ist es für die Pädagogik notwendig, das Theaterspiel schulisch mit einzubauen. Abkehrend von Sätzen wie: »Der macht ja nur Theater«, gehört es zum sozialen Rollenverständnis eines Kindes, die Vielfalt von Ereignissen in Worte zu fassen, sie adäquat mit der Gefühlslage zu verbinden und sowohl den Monolog als auch den Dialog bis hin zur Streitszenen im Massenauflauf zu üben.

Theater umfasst so viele Funktionen. Da ist einmal der Dramatiker, vielleicht am besten vorgegeben durch spannende Märchensujets, der Kinder in die magisch-animistische Fantasiewelt entführt. Da gibt es den Regisseur, der Anweisungen geben darf und gleichsam sein Kopfkino der Fantasie in Realität umformt. Da gibt es Hauptrollen und Nebenrollen, manchmal stumme Statistenrollen, die Spaßmacher und die Bösen, die oft wesentliche Bedeutung haben. Es gibt Kostümbildner und Beleuchter, Souffleure und Publikum und im großen »Welttheater« kann trainiert werden, was in der kleinen realen Alltagswelt durch Probehandeln fehllaufen könnte. Die Variationen machen unsere Kinder sicher und sie spielen auf einem unge- und unbestraften Bühnenfeld ein Training für das Leben durch.

Theaterspiel erfordert Gemeinschaftsgefühl, eigene Darstellungskunst und das Überwinden von Auftrittsscheu. Es verlangt aber auch die Bescheidenheit und birgt im Sinne des Psychodramas, also einer psychotherapeutischen Technik, die Möglichkeit zur Selbst- und Fremdreflexion. So gesehen müsste man fordern, dass Theaterspiel, vor allem in den Jahren bis in die Pubertät hinein, gleichsam ein Pflichtgegenstand sein müsste, um es selbst mitzugestalten und allen musischen Fertigkeiten – der dazugehörigen Musik, dem Gesang und insgesamt der neunköpfigen Musenschar – Tribut zu zollen.

Kommunikationsfähigkeit

Die Volks- und schließlich die Gesamtschule soll optimale Sprech- und Sprachkompetenz aufbauen. Dazu muss der Leitgedanke in der sprachlichen Kommunikation liegen. Damit ist ein entsprechend umfassendes Vokabular vonnöten. Dies wird zwar herkömmlich immer dem Lesen zugeordnet, liegt aber auch an der Sprachvermittlung, bei der es ganz wichtig ist, mit Sprache zu spielen, zu üben und vor allem immer und immer wieder auch Wortbedeutungen und Umschreibungen zu erklären.

In diesem Zusammenhang sei nochmals ein Rückgriff auf die

Vorschulzeit gestattet. Andauernd wird die Problematik mit der deutschen Unterrichtssprache angesprochen. In gewissenhaften Recherchen ergibt sich, dass österreichische Kinder – die z. B. in einen nicht deutsch geführten Kindergarten gehen –, die des Lesens und Schreibens noch unkundig sind, innerhalb von neun bis zwölf Monaten das Sprachrepertoire der fremdsprachig Gleichaltrigen erreicht haben. Gleiches berichtet man über den Zeitrahmen von fremdsprachigen Kindern in deutschsprachigen Kindergärten, die sogar die spezifische Dialektfärbung ihrer Umgebung annehmen.

Wie lernen diese Kinder die jeweils andere Sprache? Wohl im Spiel, im Spaß, in der Nachahmung, im Kreiselkreis, in direkter Anleitung durch die Kindergärtnerin, durch Lieder und durch kleine spielerische Präsentationen mit sehr viel Lob für das jeweils definierte und erreichte Ziel. Daraus ergibt sich der Appell, die Integration fremdsprachiger Kinder frühzeitig kindlich zu fördern, sie aber nicht zu verschulen. Die Schule hat automatisch bei bestem *goodwill* sehr rasch eine Regelnorm, die nicht unbedingt mit den Denkoperationen von Vorschulkindern einhergeht. Es ist also eine Frage der Politikverantwortlichen – und damit meine ich nicht eine bestimmte politische Partei, sondern den Willen aller Politikverantwortlichen –, auch den deutschsprachigen Kindern eine Chance zu geben, spielerisch die Sprache jener Kinder zu erlernen, mit denen sie den Kindergarten teilen. Es wird vielleicht 15 bis 20 Jahre dauern und dann werden unsere Kinder slawische, nah- und fernöstliche und die Sprachen des Mittelmeerraumes ebenso beherrschen, wie wir fordern, dass Kinder in einer österreichischen Schule altersadäquat der deutschen Sprache mächtig sein sollten. Eine Utopie oder ein völkerverbindendes Kommunikationsgesamt?

Sprache und Schrift sind Kommunikationsmedien, die geschult werden müssen, um dem Gemeinschaftsgefühl Ausdruck zu verleihen. Um Kooperationskompetenz zu vermitteln, bedarf es jeweils der Zieldefinition, Gemeinsames im Sinne der Teamarbeit zu leisten sowie Hilfsangebote des wissenden und kenntnisreichen Gegenübers dem Schwächeren zu vermitteln.

Gemeinschaftsgefühl lebt aber auch von Kommunikationserfahrung durch das Angenommen- bzw. Abgelehntwerden. Besonders der interethnische Dialog ist stark vorurteilsbehaftet und zieht nicht nur Konfliktlinien zwischen Deutsch sprechenden und fremdsprachigen Kindern, die eine Bruchlinie bedeuten, sondern zum Teil auch zwischen unterschiedlich sprachigen Ethnien, deren geschichtlichen und sozialen Hintergrund der Lehrer hinreichend kennen muss, um ein interethnisches Konfliktmanagement installieren zu können. Die Vielfalt der Ethnien in einer Schule übersteigt im Volksschulbereich manchmal bereits zwei Dutzend.

> Es lohnt sich schon, einmal den Versuch zu unternehmen, kleinste gemeinsame Nenner zu finden, um den Kindern unabhängig von ihrer Herkunft, Hautfarbe und Sprache etwas absolut Gemeinsames zu vermitteln. Der Autor erinnert sich an eine solche – an ihn gerichtete – Frage und antwortete spontan: »Essen müssen wir alle, wie wäre es, einmal ein Kommunikationsfest des Essgeschmackes der Ethnien zu installieren?« Und so kam es, dass die Eltern aufgefordert wurden, nicht teuere und nicht zu viel ihrer Nationalgerichte an einem bestimmten Tag auf einem Festplatz auszurichten. Die Vielfalt der Speisen, manche gleichlautend und trotzdem unterschiedlich gewürzt, stand einfach zur Auswahl da und man fand sich »im guten Geschmack« wieder.
>
> Das Schulklima verbesserte sich nach dem gemeinsamen Mahl augenscheinlich, unter anderem auch durch die Achtung des Nächsten. Man fand »aneinander Geschmack« und hatte ein politisch neutrales Thema, zu dem sehr viel Lob gespendet wurde. Nachahmung sei angeregt und empfohlen.

Kooperationsfähigkeit

Ein wichtiger Lehrinhalt beim Sozialen Lernen muss die Kooperationsfähigkeit sein. Wenn Kinder eine solche vom Schuleintritt an gelehrt bekommen, wächst die Bereitschaft, mit den anderen gefühlvoller umzugehen, sie zu ermutigen und zu bestätigen und im Rückkoppelungseffekt Gleiches zu erhalten. Der Gedanke, Integrationsklassen einzuführen, zielte schließlich darauf ab, den Schwächeren, eventuell von Behinderung Bedrohten behinderungsadäquat Hilfe zu bieten, Rücksicht zu nehmen und gemeinsame Leistungen zu erbringen. Mit dem Älterwerden und den steigenden schulischen Anforderungen wird ein frühzeitig erlerntes Kooperieren ausgereifter und ergibt die – heute in der Wirtschaft so hochgelobte – Teamarbeit.

Die Beziehungsstrukturen 1. und 2. Ordnung wurden in diesem Buch bereits mehrfach beschrieben. Gerade in der Schuleintrittsphase ist es aber wichtig, Beziehungsstrukturen (2. Ordnung) im Sinne einer Klassengemeinschaft aufzubauen. Als Richtlinien mögen dazu gelten, dass immer wieder Absprachen zwischen der Lehrkraft und den Kindern, aber auch der Kinder untereinander geübt und getroffen werden. Solche Absprachen müssen dann aber auch verlässlich eingehalten und überprüft werden. Sie sollten nach erfolgter Durchführung einer positiven und/oder negativen Kritik unterzogen werden. Jahrelang wurde in den vom Autor über Jahrzehnte durchgeführten Balint-Gruppen mit Lehrern ein Phänomen sichtbar, das anhand des Begriffs »AnkündigungslehrerIn« dargestellt sein soll:

> Die Schüler einer zweiten Klasse Volksschule werden darauf vorbereitet, dass am Dienstag der kommenden Woche ein Schulausflug in eine Großbäckerei stattfinden wird. Alle Kinder freuen sich auf den gemeinsamen Lehrausgang, aber die Lehrkraft hat letztendlich vergessen, die Bäckerei rechtzeitig zu verständigen. Auch ein Theaterbesuch wird angekündigt, die Kinder vergessen das

einzusammelnde Geld nicht, aber die Lehrkraft hat die Tage verwechselt, weswegen auch der Theaterbesuch ins Wasser fällt. Als Besonderheit wurde der Besuch einer schulfremden, für die Kinder interessanten Persönlichkeit angekündigt. Die Schüler sollten Angst vor dem Arzt verlieren und die herkömmlichen Instrumente wie Blutdruckmessapparat und Ohrenspiegel kennenlernen. Auch diese Ankündigung erwies sich für die Kinder als Flop, da es wieder einmal mit der Terminabsprache nicht klappte.

Beziehungs- und Problemlösungsfähigkeit

Beziehungs- und Problemlösungsfähigkeit verlangen von allen Partnern, also den Lehrkräften und den Kindern, sich auch durchzusetzen, und das bei strikter Einhaltung von vorgegebenen Regeln. Wir kennen sie ja alle, die Kinder im Volksschulbereich, die bei Spielen, die klare Regelvorgaben haben, gerne während des Spiels die Regeln zu ändern versuchen, und dies selbstverständlich immer zum eigenen Vorteil. Will man Kinder zu Kooperationsfähigkeit und Problemlösungsstrategien hinführen, so bedarf es auch eines gewissen Maßes an Empathie, was nichts anderes heißt, als sich in andere Menschen einzufühlen und auf diese Weise Mitgefühl zu entwickeln. Um gut zusammenzuarbeiten, muss man auf den anderen Rücksicht nehmen und lernen, tolerant zu werden. Dies wiederum setzt allerdings ein hohes Maß an aktiver Toleranz von Seiten des Lehrers voraus. Eines der erprobten Hilfsmittel ist die »Aktiv-Passiv-Umkehrung«.

> Als Beispiel mag ein Streit um einen Sitzplatz gelten.
> Ein Schüler erhebt Anspruch auf einen Stuhl und wird von einem anderen anfänglich verbal heftig attackiert, er möge sich »schleichen, verschwinden, abhauen oder dergleichen mehr«. Der ebenfalls den Stuhl begehrende Zweite will sich das nicht gefallen lassen, die Schimpfworte werden deftiger, und schon zeichnet sich eine Rangelei ab, die zu einem Raufhandel führen könnte. Die Lehr-

person schreitet ein und stoppt den Streit. Sie verlangt von beiden Schülern die Rückkehr zum Beginn des Streits und lässt ihn nochmals, in der vorher abgelaufenen Form, durchspielen. Die übrige Klassengemeinschaft sitzt gleichsam im Zuschauerraum und verfolgt das Psychodrama.

Nach Abschluss der Szene, bis knapp vor dem Handgemenge, wird die Szene erneut durchgespielt. Nunmehr wechseln allerdings die beiden Partner die Rolle und der anfänglich Aktive, also der Sesselbegehrer Nummer 1, wechselt nun in die Rolle seines Kontrahenten, und was sich vorher an Aktion abgespielt hat, wird mit gewechselten Rollen wiederholt. Nachfolgend wird das Publikum – die Klasse – in die Reflexion des Geschehens mit eingebunden. Kommunikationsaktives Lernen findet in der Gruppe statt.

Anhand einer solchen kleinen Szene sei *eine* Form der Möglichkeit zur Problemlösung dargestellt.

Eigenverantwortung und Selbstständigkeit

Vom ersten Schultag an sollten bestmöglich Eigenverantwortung, Selbstständigkeit, Entscheidungs- und Urteilsfähigkeit trainiert werden. Die Eigenverantwortung eines Kindes liegt in der Ich-Bildung. Unser menschliches Ich umfasst die Fähigkeiten zum Denken, Fühlen, Wollen und Handeln. Diese Definition ist bereits sechs- bis siebenjährigen Kindern durch immer wiederkehrende Wiederholung einleuchtend zu machen. Ich bin es, der mit der Fähigkeit eines Gehirnes ausgestattet ist, zu denken. In diesem Denken ist auch geheimnisvoll die Vielfalt von realen und irrealen Lösungsansätzen eingebunden. Mit dem Denken spielerisch umzugehen, heißt die Assoziationsfähigkeit (Vielzahl von Lösungsvarianten zu suchen) zu fördern, die wiederum den Einfallsreichtum zur Folge hat. Je vielfältiger dies geschieht, umso mehr Lob verdient der Einfallsreiche.

Ich bin es, der Gefühle hat, sie entwickeln kann und ihnen manchmal auch ausgeliefert ist. Die Gefühle benötigen allerdings allesamt eine sprachliche Bezeichnung oder zumindest eine Umschreibung; es ist auch erlaubt, unbestimmte Gefühle zu haben und sich darüber zu äußern. Je gefühlsreicher wir uns vermitteln, desto verständlicher wird uns begegnet werden.

Ich bin es, der einen freien Willen hat. Dieser Wille bestimmt, wenn er entsprechend trainiert wird, unser Handeln, unsere Gedanken, unsere Wünsche und Fantasien. Unser Wille hilft uns, etwas durchzusetzen, und manchmal auch, zurückzustecken.

Ich bin es, der handelt, und dies mit steigendem Alter verantwortungsbewusster, vorausschauender und korrekter. Bisweilen müssen wir erkennen lernen, dass wir falsch gehandelt haben, und benötigen daher auch Strategien für den Rückzug, für die allfällig notwendig gewordene Entschuldigung und für den Ansporn, ein weiteres Mal intensiver und genauer zu denken, anders zu denken und aus der daraus entwickelten Erkenntnis richtig zu handeln.

Bei der Eigenverantwortung eines Volksschulkindes sollten die Erwartungen in den ersten Jahren allerdings nicht zu hoch geschraubt sein, weil es ja schließlich um Versuche des Probehandelns geht.

In diesem Zusammenhang wird immer wieder die Forderung nach Selbstständigkeit von Kindern laut. Dieser Umstand ist einer der sensibelsten, da Selbstständigkeit erst gelingen kann, wenn eine Verantwortungsübernahme verständnisvoll gelingen kann. Man sollte Kindern nicht *zu früh* ein zu hohes Maß an Selbstverantwortung überlassen, da durch die entstehende Überforderung die Tragweitenabschätzung gefährdet wird. Wenn man zu viel aufgebürdet bekommt, kann man schließlich an einer solchen Last auch zusammenbrechen.

Auch die Entscheidungs- und Urteilsfähigkeit muss immer altersadäquat angepasst werden. Schon vom Elternhaus her sollte Entscheidungsfähigkeit behutsam vorgelebt werden, indem man für

Lösungsalternativen jeweils Entscheidungsbegründungen liefert. Damit wird Leistbares, Vollziehbares und Erwerbbares auf Vor- und Nachteile überprüft. Kinder lernen, wie eingangs mehrmals erwähnt, durch Imitationslernen. Wenn also Eltern, aber auch Lehrpersonen die Kinder an Entscheidungsprozessen teilnehmen lassen, dann schulen sie die notwendige Urteilsfähigkeit, die im Laufe der Jahre bis hin zur Pubertät mit einem Trainingsplatz verglichen werden kann, wo auch Fehlentscheidungen und mangelnde Kritikfähigkeit kein soziales Aus bedeuten dürfen. Werbeslogans, dass die Entscheidung einen sicher macht, gelten für Volksschulkinder mit hoher Wahrscheinlichkeit nicht.

Ein Blick auf Vorpubertät, Pubertät und Adoleszenz

Wurden in diesem Kapitel bisher die Entwicklungen des Sozialen Lernens für die Schuleingangsphase aufgezeigt, so sei nun das immer weiter nach unten gerückte Lebensalter der Vorpubertät und der nachfolgenden Pubertät und Adoleszenz beschrieben.

Etwa ab dem neunten Lebensjahr sind die sozialen Basisfertigkeiten so weit internalisiert, dass man durchaus darauf aufbauen kann, vor allem, was soziale Kompetenzen in der Konfliktlösung anlangt. Emotionale Reaktionen haben bereits klare Namen – Ärger, Furcht, Angst, Trauer, Enttäuschung – und sind auch individuell charakterlich gefärbt. So sind die antiken Charakterbeschreibungen vom heiteren Sanguiniker über den leicht in Trauer verfallenden Melancholiker, den stark zurückgezogenen Phlegmatiker, der sich kaum aus der Ruhe bringen lässt, bis hin zum leicht reizbaren, seine Wut schwer beherrschenden Choleriker in Grundtypologien vorhanden, die inzwischen, gerade in den letzten hundert Jahren, wissenschaftlich natürlich viel feinere Ausdifferenzierungen erfahren haben.

Aufgabe der Schule ist auch eine Schulung in der Beherrschung dieser individuellen Charakterformen. Es ist zu fordern, den Kindern und Jugendlichen die Wesenseigentümlichkeiten des Menschen sprachlich klar zu machen und zu lehren, wie man sich immer wieder einer Reflexion der eigenen Charaktereigenschaften unterzieht. Dies geschieht, indem die Lehrerreaktion wie auch jene der Eltern gegenüber dem sie nervenden Kind sehr häufig die eigenen Wesenseigentümlichkeiten widerspiegelt bzw. Erinnerungen an Erlebnisse aus der eigenen Kindheit mit Beziehungs- und Bezugspersonen erinnern lässt.

Schule und Sprache

Fremdsprachenkenntnisse – heute unerlässlich
Die Tradition österreichischer Schulen hat in ihrer Geschichte zu Recht auf die Multilingualität Wert gelegt. Es gab die humanistische Tradition, und dementsprechend wurden die klassischen antiken Sprachen Latein und Griechisch gelehrt. Parallel dazu hatten die lebenden Sprachen Englisch und Französisch Bedeutung und regionalspezifisch Italienisch und Slowenisch. Russisch wurde vereinzelt als slawische Sprache angeboten, da und dort auch Spanisch. Innerhalb der letzten dreißig Jahre setzte ein Wandel in Bezug auf den Fremdsprachenunterricht und dessen Beginn ein. Man führte bereits in der Volksschule den Englischunterricht ein, bilinguale Schulen wurden errichtet und in diesen wurde zumindest ein Teil der Unterrichtsgegenstände von muttersprachlich fremdsprachigen Lehrern vermittelt. Die Zahl der Schulen, die ihr Sprachangebot erweiterten, nahm zu, Sprachlabors wurden eingerichtet und der Zulauf zu internationalen Schulen zeigte einen deutlichen Trend auf. Ein Teil dieser internationalen Schulen sind allerdings Privatschulen, deren Besuch einen entsprechenden Kostenaufwand für die Eltern bedeutet. Zum Teil haben diese Schulen auch ein begrenztes Platzkontingent für inländische Kinder.

Mit der Sprachbildung unserer Kinder wird sich die Schule aber weiterhin eingehend beschäftigen müssen, wollen wir im internationalen Vergleich im Globalisierungstrend mithalten. Erst vor kurzem wurden Österreichs Schulabgängern mäßige Fremdsprachenerkenntnisse bescheinigt.

Österreich wird häufig als Zuwandererland bezeichnet. In manchen Schulen befinden sich an Zählstichtagen Kinder aus über zwanzig verschiedenen Ländern mit ebenso vielen Fremdsprachen. Als Kulturland muss Österreich der Vielvölkereingliederung Rechnung tragen. Es ist aber durchaus legitim, darüber zu diskutieren, ob Kinder in unserem Land im Pflichtschulbereich selbstverständlich die Landessprache beherrschen müssen. Die Vermittlung der deutschen Sprache an die Kinder hat aber auch einen Nebeneffekt, nämlich den, dass viele fremdsprachige Eltern anfänglich zwar ihre Kinder als Dolmetscher einsetzen, schließlich aber auf diesem Weg zumindest Basiskenntnisse unserer Landessprache erwerben. Die Sprachschulung sollte nicht als unangenehme, lästige Pflicht gesehen werden, die Forderung zielt vielmehr darauf ab, dass wir uns die Hand zu einem »kulturellen Miteinander« reichen, um Kommunikation zu ermöglichen.

Vielleicht hilft ein Blick in die Geschichte unseres Landes. Wie immer man historisch zum Vielvölkerreich der österreichisch-ungarischen Monarchie stehen mag, bei der in einem Großstaat verbundenen Vielzahl von Ethnien galt Deutsch als Amtssprache. Wirft man einen Blick auf die Situation nach dem Zweiten Weltkrieg, so haben auch die politischen Blöcke verlangt, dass es gleichsam eine »Pflicht«-Sprache gab. In der gegenwärtig geführten Diskussion um die Einführung eines Vorschul- oder Pflichtkindergartenjahres wird immer wieder auf den wichtigen Erwerb der deutschen Sprache vor Schuleintritt hingewiesen. Zweifellos ist es für das Erlernen der Kulturfertigkeiten lesen, schreiben und rechnen notwendig, die Unterrichtssprache zu beherrschen. Bei diesem Wunsch sollte allerdings nicht außer Acht gelassen werden, dass mit dem Begriff »Verschulung« in kurzer Zeit eine Reglementierung zu erwarten ist, die vor allem kleinen Kindern Anteile ihrer Kindheit raubt. Es kommt nicht von ungefähr, dass der Pflichtschulbesuch erst mit dem sechsten Lebensjahr beginnt, da ab diesem Zeitpunkt das logisch-real-konkrete Denken einsetzt.

Kinder, die des Lesens und Schreibens noch nicht kundig sind, erlernen Sprachen relativ leicht, nahezu spielerisch und im Umgang mit gleichaltrigen Kindern. In diesem Wissen muss die flächendeckende Möglichkeit geschaffen werden, Kindern Kindergartenplätze zur Verfügung zu stellen, um ihre vorhandenen Fähigkeiten bestmöglich zu nützen. Beherrscht ein schuleintretendes Kind – gleichgültig, welcher Ethnie es entstammt – die Landessprache, so ist es nicht nur befähigt, dem Unterricht zu folgen, sondern wird in die kindliche Gemeinschaft eingegliedert und ein akzeptiertes Mitglied der sozialen Gemeinschaft. Wächst die nächste Generation unter solchen Bedingungen heran, werden Vorurteile abgebaut, Kinder nicht als Fremdkörper in der Gemeinschaft erlebt und auch Lebens- und Kulturformen wechselseitig übernommen. Verbale Kommunikation ist dabei ein wichtiges Hilfsmittel. Die so oft beschworene Toleranz, dass alle Menschen nach der UNO-Menschenrechtskonvention gleich seien, lässt sich tatsächlich besser verwirklichen, wenn wir eine gemeinschaftssprachliche Basis bilden.

Englisch ist heute zu *der* Weltsprache geworden. Das mag bei genauer Betrachtung Sprachminderheiten bedrohen, an dieser Realität wird aber nicht mehr vorbeizugehen sein. Mit jeder Erweiterung der EU erkennt man in der Vielsprachigkeit Europas, wie schwierig die verbale Kommunikation geworden ist. Die Diskussion um die Zahl der offiziellen EU-Sprachen reißt nicht ab, da viele Dokumente ja in alle Sprachen der EU offiziell übersetzt werden müssen. Die Zahl der jeweils gegenseitig zu übersetzenden Sprachen lässt mit jedem EU-Beitritt die Zahl der Dolmetscher in die Höhe schnellen.

Auf unsere österreichische Schulsituation bezogen, muss es eine Prämisse sein, dass Kinder von klein an die englische Sprache gleichsam als eine selbstverständliche Zweitsprache perfekt erlernen müssen. Beispiel mag man sich an Finnland nehmen. Die Finnen erkannten sehr frühzeitig, dass sie in einer Sprachenklave verbleiben, wenn sie ihren Kindern nicht selbstverständlich von frühesten Kindestagen an eine Weltsprache vermitteln. Hierfür sind aber nicht nur entsprechende Angebote in den Schulen und die Bereitschaft der Eltern unumgänglich notwendig, sondern es sind auch die öffentlichen Medien, insbesondere Rundfunk und Fernsehen, gefordert. Sie müssen selbstverständlich ein permanentes Angebot zur Volksbildung bieten.

In unserem Land, dessen wirtschaftliches Hoffnungsgebiet unter anderem in den östlich angrenzenden Ländern liegt, muss auch darüber nachgedacht werden, ob nicht eine slawische Sprache in der Schule angeboten werden sollte. So wie die Begegnung mit Menschen anderer Kulturkreise ein hohes Maß an Kenntnis von Ritualen und Gebräuchen erfordert, ist mit Sprachkenntnis rasche Sympathie und Kommunikationsoffenheit verbunden.

In einer technisierten und medialen Welt wird ein Umdenken erfolgen müssen. Die Fremd*schreibe* wird hinter dem Begriff der Fremd*sprache* mehr und mehr zurückbleiben. Elektronische Übersetzungsmedien werden uns mit hoher Wahrscheinlichkeit in wenigen Jahren die Fremdschreibe weitgehend abnehmen. Zur Korrektur wird es allerdings notwendig sein, die Fremdsprache gut zu beherrschen. Bereits jetzt sind ganze Büros umgestellt, in denen das Diktat durch Spracherkennungssoftware verschriftlicht wird. Die Technik hat ein Niveau erreicht, dass dies nicht mehr in das Reich der Utopien gehört.

Schulung der Redekunst

Eine in diesem Buch mehrmals besonders herausgestrichene Fähigkeit ist die Rhetorik. Redekunst ist bei entsprechender Übung lernbar. Sie muss allerdings von den ersten Schultagen an gepflegt werden. Die Hauptschwierigkeit rhetorischer Kompetenz ist in der Scheu des Menschen zu suchen, vor mehreren anderen, vor allem Fremden, zu sprechen. Das Handicap liegt in Ängsten, nicht hinreichend verstanden, ausgelacht oder abschätzig beurteilt zu werden. Es ist eine Aufgabe der Pädagogik, diese Ängste abzubauen und den Schüler zu bestätigen und zu ermutigen, sich entsprechend zu vermitteln. Den Zuhörern, also der Klassengemeinschaft, gilt es aufzuzeigen, dass jeder Einzelne diese Fähigkeit des öffentlichen Auftritts für das künftige Leben benötigt.

Schon vom Kindergartenalter an sollte die freie kindliche Erzählkunst gefördert werden. Die Aufforderung an das Kind, Alltagserlebnisse in freier Rede zu schildern, Märchen zu erzählen und Fantasiegeschichten spannend darzustellen, sind Trainingsfelder für Rhetorik. Jedes Kind, das in der Schule immer und immer wieder »auftreten darf«, ja selbst einmal einen Teil einer Unterrichtsstunde gestalten darf und unterrichtet, tankt Selbstbewusstsein und übt sich selbstverständlich in der Redekunst. Behutsam muss das Kind dazu hingeführt werden, Wichtiges von Unwichtigem zu trennen. Es bedarf des Trainings, im Laufe der Zeit die Füllworte und Verlegenheitssilben wegzulassen, was die Informationskompetenz erhöht. Kinder sind schließlich stolz darauf, sich mitteilen zu können, und freuen sich über Akzeptanz und Applaus. Schüchterne Kinder gewinnen an Selbstvertrauen und können sich so unter Beihilfe aus ihrem Rückzugsverhalten befreien.

Hilfe, Auftrittsangst zu mindern, findet man im Durchspielen von kurzen Szenen, aber auch im Aufsagen von theatralischen Spots, wie sie aus der Werbung bekannt sind. Auf diese Weise kann das den Kindern innewohnende schauspielerische Talent gefördert werden und kommt der mutigen Redekunst, die geübt werden soll, zugute.

In der Vielfalt der Vermittlung der sogenannten schönen Künste sollte man neben der Musik, der bildenden Kunst und dem Tanz das Theaterspiel insgesamt nicht außer Acht lassen.

Schule und Sexualaufklärung

Der Autor gehört der sogenannten 68er-Generation des vergangenen Jahrhunderts an. Er hat in dieser Zeit studiert und trat unter anderem besonders für den »Gleichheitsgrundsatz« der französisch-revolutionären Aufklärung ein. Im Zuge dieser Diskussionen wurde damals auch viel über die Begriffe »Sexualaufklärung« und »Sexualerziehung« diskutiert. Zu Letzterer fühlte man sich mehr hingezogen, bekannten doch viele der damaligen Studenten ein, von den Eltern wenig über Sexualität erfahren zu haben. Ein Teil der Informationen wurde über die sogenannte »Straßenaufklärung« gewonnen, ein anderer – auch schon damals – über pornografisches Material, und der Rest war Selbsterfahrung.

Eine gemeinsame Aufgabe von Schule und Eltern
Um den Eltern und den Schulen mehr Pflichtaufgabenkompetenz zu geben, wurde also der Begriff der »Sexual*erziehung*« geprägt. Dieser sah vor, von klein an kindliche Wissensbedürfnisse altersadäquat zu erfüllen. Beginnend war angedacht, mit kindlichen Sprachformen für die Genitalien und die Beantwortung der Frage: »Mama, wo kommen die Kinder her?«, Auskunft zu geben. Darauf folgten Hinweise an die Eltern, dass »Doktor-Spielen und Vater-Mutter-Kind-Spiele« zur Befriedigung der kindlichen Neugier über die genitale Ausstattung dienten. Aber auch über die sexuelle Empfindungswelt sollte ehrlich Auskunft erteilt werden. Und schließlich gab es die Forderung nach den drei Bereichen der Sexualerziehung: Zum Ersten ist das anatomisch, physiologisch, funktionale Geschehen zu erklären; zum Zweiten geht es um den moralisch-sittlichen, ethischen und allfällig konfessionellen Bereich; zum Dritten verlangt die Sexualaufklärung die Annäherung an das Geheimnis der Erotik durch gegenseitige Achtung, Liebe, Zärtlichkeit,

Fürsorge um das Kind, ohne dabei Intimschamgrenzen zu überschreiten.

Zieht man heute Bilanz, so war der Begriff der »Sexualerziehung« von idealistischen Gedanken getragen, deren Umsetzung letztlich scheiterte. Ein Teil der Aufklärung erfolgt weiterhin durch Anfragen an Jugendmagazine, deren Mittelseiten beredt Antworten darauf geben, was Kinder und Jugendliche tatsächlich wissen wollen. Die Straßenaufklärung funktioniert wie einst.

Teure schulische Sexkoffer haben zwar das Licht der Welt erblickt, haben aber infolge ihrer Einmottung ohne Gebrauch und ohne Kenntnis und Wissen über Intimität zu vermitteln bestenfalls musealen Wert. Informationen über Begegnung, Werte wie Zuneigung und Liebe, Verhütung und Infektionsgefahren, die nicht nur Aids betreffen, liegen weiterhin im Argen. Die Zahl kindlicher und sehr jung schwanger werdender Mädchen weist auf die offensichtlich vergebliche Mühe der Information über Schwangerschaftsverhütung hin. Eine neue Welle, vorehelich sexualabstinent zu leben, die amerikanische Jugendliche angeblich in den Kultstatus erhoben haben, erlebt ebenfalls nicht den großen Durchbruch.

So gesehen müssen wir fairerweise in der Pädagogik zum ursprünglichen Begriff der Aufklärung zurückkehren, weil diese eine Bringschuld der Eltern und der Schule an die Kinder ist, will man sie nicht in jenem obskuren Aufklärungswirrwarr belassen. Wenn Eltern ihre Kinder fragen, ob sie etwas über Sexualität wissen wollen, so ist dies schon ein Fortschritt gegenüber jenen Personen, die von sich behaupten, Auskunft zu geben, wenn sie gefragt werden. Aber Kinder fragen ungern oder gar nicht, und wenn sie ihrerseits gefragt werden, erklären sie, sie wüssten alles.

Wahr ist, dass von Kindern und Jugendlichen untereinander Halbwahrheiten weitergegeben werden.

> Da erfuhr z. B. eine schwangere Fünfzehnjährige von ihrer Freundin, sie könne – wenn sie das Kind zur Welt brächte –, dieses nicht zur Adoption freigeben. Ein Gynäkologe sagte derselben Schwangeren, sie käme zu spät für eine Schwangerschaftsunterbrechung, aber nach der Geburt möge sie vorbeikommen, er würde sie dann aufklären. Es blieb unklar, worüber er sie aufzuklären gedachte. Im Hinblick auf eine geplante Schwangerschaftsunterbrechung im Ausland musste das Mädchen feststellen, dass eine solche mit dem ersparten Taschengeld nicht möglich war. So kam es schließlich nach der Geburt zu einem Tötungsdelikt des Neugeborenen.

Die unvorstellbarsten Fantasien geistern durch die Jugendszene und es wird in Ergänzung zum Elternhaus auch Aufgabe der Schule sein, ihrer Aufklärungspflicht nachzukommen und sich dieses Themas im Sinne eines ganzheitlichen Unterrichts anzunehmen. Bild- und Anschauungsmaterial ist in Schulen häufig besser zur Hand als im Elternhaus. Alleine das Nichtwissen um die Fragen über den Menstruationszyklus von weiblichen Jugendlichen und die entscheidende Frage der fruchtbaren und unfruchtbaren Tage lässt das Medizinerherz bisweilen stocken.

Die jugendliche Neugier kann bereits im Volksschulalter durch altersgemäße Aufklärung befriedigt werden. In der Vorpubertät wird es zu einer absoluten Notwendigkeit, nicht nur biologisch, sondern auch ethisch offen informiert zu werden. In der Vorpubertät muss aus pädagogischen Gründen allerdings beachtet werden, dass eine koedukative Aufklärung nicht zweckmäßig ist, vor allem aufgrund der mangelnden Hemm-, Brems- und Kontrollmechanismen sollten Knaben und Mädchen getrennt informiert werden. Dies ergibt sich daraus, dass der Umgangston in diesem Lebensalter bei Mädchen und Knaben sehr häufig die sensible Schamgrenze überschreitet und die zotenmäßige Form der Diskussion Fragende verstummen lässt, was schließlich nicht im Sinne der obgenannten und gewünschten Aufklärung ist.

Aus Erfahrung sei auch auf den bereits vielerorts zugänglichen Pornografiemarkt hingewiesen.

> Ein elfjähriger Knabe wurde nach Ausheilung einer neurologischen Erkrankung von seiner Mutter in die Ambulanz der Klinik zur Letztkontrolle begleitet und dabei die Bitte geäußert, der Autor möge den Knaben sexuell aufklären. Es stellte sich heraus, dass die alleinerziehende Mutter von dieser Aufgabe überfordert war und auch niemanden im Freundes- oder Bekanntenkreis hatte, zu dem sie in dieser Frage ausreichendes Vertrauen entwickeln konnte.
> Der Autor lud den Knaben in die Ambulanz ein und begrüßte ihn mit den Worten: »Weißt du, warum du heute bei mir bist?« Die Antwort darauf: »Ja, Sie sollen mich aufklären – ich weiß alles!« Die Antwort des Arztes darauf: »Das trifft sich gut, ich weiß nicht alles, wir können also die Aufgabe umdrehen und ich höre zu.« In der Folge erzählte der Knabe Szenen, die der Extrempornografie entstammten, und auf die Frage, woher er denn sein Wissen beziehe, antwortete er: »Aus den Heften, die wir in der Zehn-Uhr-Pause anschauen. Sie stammen von Mitschülern, deren Väter sie in den Nachtkästchen verborgen halten. Am Nachmittag sehen wir zwischendurch Videokassetten an, die in der zweiten Reihe hinter den Büchern der Eltern aufbewahrt werden.«

In Kenntnis dieses Umstandes seien Eltern und Lehrer aufgefordert, doch aufmerksamer zu beobachten, welche Internetseiten und welche Filme von den Kindern konsumiert werden. Lehrer erkennen manchmal in Aufsatzformulierungen Sentenzen, die durchaus Hinweis auf solchen Pornografiekonsum geben. Dies sollte nicht nur zum Nachdenken anregen, sondern für diesen Bereich wird es neben dem strukturierten Biologieunterricht und konfessionellen oder ethischen Unterweisungen notwendig sein, entsprechende Diskussionsforen einzurichten, die in der gegenwärtigen Unterrichtsgestaltung kaum Raum finden.

Sexueller Missbrauch
Ein Kapitel über Sexualaufklärung darf unter keinen Umständen die Problematik des sexuellen Missbrauches außer Acht lassen.

Wissenschaftlich ist erwiesen, dass Kinder sich bei Missbrauchshandlungen bevorzugt KindergärtnerInnen und LehrerInnen anvertrauen. Sexueller Missbrauch findet im überwiegenden Teil durch den Kindern verwandte oder vertraute Personen statt. Kinder werden zu Geheimnisträgern und sollen »nichts verraten«, manchmal werden sie aber auch bedroht, weshalb es ihnen sehr schwer fällt, sich jemandem anzuvertrauen. Bei nahen Verwandten vermuten sie, dass diese ihren Aussagen keinen Glauben schenken werden, und vor sogenannten Vertrauenspersonen, wie es z. B. Ärzte sind, fürchten sie sich. Die beiden obgenannten Berufsgruppen haben eine ausreichende Distanz zu der Familie und eine hinreichende Nähe durch den Vertrautheitsgrad, den man im Kindergarten und/oder in der Schule gewinnt.

Vorsicht muss man walten lassen, wenn ein Kind eine Andeutung macht, jedoch von der Lehrkraft verlangt, nichts von dem Anvertrauten weiterzuerzählen. Gibt eine Lehrkraft ein solches Versprechen, so wäre ein Weitererzählen des Erfahrenen für das Kind ein Vertrauensbruch. Aus diesem Grund darf eine Lehrkraft ein solches Versprechen nicht geben, sondern muss dem Kind Diskretion zusagen und selbstverständlich schützende Hilfe anbieten.

Wenn nicht offensichtlich Gewalt in der Missbrauchshandlung angewendet wird, sodass eine Sofortmaßnahme zu erfolgen hat, sollte man dem Kind in allen anderen Fällen die Zeit lassen, die es braucht, um sich vollinhaltlich anvertrauen zu können. Lehrkräften sei zu ihrer eigenen Sicherheit geraten, sich mit einer vertrauten, vielleicht erfahrenen Lehrkraft oder Schulpsychologin in Verbindung zu setzen. Wichtig für ein später allfälliges Strafverfahren ist unbedingt eine möglichst genaue Protokollierung der Äußerungen des Kindes. Dazu ist es auch notwendig, etwaige derbe Ausdrücke aus der Fäkalsprache niederzuschreiben. LehrerInnen müssen auch darauf vorbereitet sein, bei Fremdtätern anzeigepflichtig und bei Familientätern dem Jugendamt gegenüber meldepflichtig zu sein. Kinder wählen Lehrpersonen gerne auch als VerfahrensbegleiterInnen, weil sie annehmen, von diesen optimal geschützt zu werden.

Sexueller Missbrauch im Schulbereich geht aus der Sicht des Autors über das Strafgesetzbuch hinaus. So muss auch ein heimliches Beobachten von SchülerInnen beim Duschen durch eine Lehrkraft während des Schikurses als eine absolut verbotene Handlung gewertet werden, auch wenn sie üblicherweise nicht strafrechtlich verfolgt wird.

Erwähnt sei auch das Problem pubertierender SchülerInnen, die manchmal das Phänomen der Liebe »*par distance*« aufweisen und vermeinen, dass Blicke, Gesten oder auch Worte einen intimen Aufforderungscharakter besäßen, und sich dann vorstellen, von dieser Lehrkraft sexuell begehrt zu werden. Geht dieser Wunsch dann nicht in Erfüllung, kann es zu einer Umkehrhandlung kommen und die Jugendlichen beschuldigen ihre Lehrkräfte sexueller Übergriffe. Der Lehrerkodex hat somit zu lauten, sich in keine wie immer geartete verfängliche Situationen, vor allem allein mit SchülerInnen, zu begeben und sich beispielsweise auch bei Verletzungen im Sport bei allfälligen Untersuchungen immer einer zweiten erwachsenen Begleitperson zu versichern. Einschlägige Literatur, um sich in diese Thematik zu vertiefen, findet sich im gut sortierten Buchhandel.

Im Gegensatz zu den pubertären und adoleszenten Fantasien gegenüber Lehrpersonen gibt es in der Umkehrgestaltung die lehrerhafte Autoritätsnutzung. Lehrpersonen benützen bei abweichenden Sexualfantasien ihre Machtposition, um verbotene Ziele und sexuelle Begegnungen zu erreichen. SchülerInnen geraten dadurch in extreme Abhängigkeitsdilemmata.

Schule und Politik

Eine der wichtigsten Aufgaben im sozialen Bereich ist es, Kindern Demokratieverständnis und Toleranz für Andersdenkende zu vermitteln. Die Erfüllung dieser Aufgabe kann nicht früh genug angesiedelt sein. Sie beginnt bereits im Kindergarten und muss mit dem Eintritt in die Regelschule ein großes Anliegen und ein umfassendes Bedürfnis der Lehrerschaft sein. Fernab von Parteipolitik ist jedes Kind zu einem »politischen Menschen« heranzubilden. Dies heißt beispielsweise, dass Kindern altersgemäß aufbereitet die UNO-Menschenrechtskonvention sowie die Genfer Kinderrechtskonvention vermittelt werden muss.

Anlässlich des Tages der Kinderrechte im Jahr 2007 fand in Wien im Kindermuseum eine Veranstaltung statt, bei welcher der Autor aufgefordert war, mit acht- bis zehnjährigen Kindern eine Unterrichtsstunde zu den einzelnen Kapiteln der Kinderrechtskonvention abzuhalten. Nach nur kurzer Einleitung gestalteten etwa sechzig Kinder die Veranstaltung selbst. Mit wenigen Stichworten zu den einzelnen Paragrafen engagierten sich die Kinder mit Wissen sowie Kenntnis um ihre Rechte und durchaus auch Einsicht in ihre Pflichten. Es war die Vielfalt des Wissens von Einzelteilen, die zu einem kollektiven Gesamt zusammengeführt werden konnten. Die Schar der Kinder umfasste viele Ethnien und vor allem unterschiedlichste Hautfarben und Sprachen. Und allen diesen Kindern war gemeinsam: »Wir haben Rechte und Pflichten.«

Ein Beispiel für geringe Vorurteile mag zur Erhellung dienen.

> In einer internationalen Schule in Österreich klagt in einer großen Pause ein achtjähriges Mädchen ihrem Schuldirektor, dass sie immer wieder von einem Zwölfjährigen geärgert, ja geradezu gemobbt werde. Das Mädchen schildert dem Direktor einzelne Vor-

kommnisse und eine körperliche Attacke an jenem Tag, an dem sie sich an den Direktor wendet. Der Großteil der Schüler befindet sich im freien Schulgelände, und der Direktor bittet das Mädchen, den Schüler zu beschreiben, damit man ihn ausfindig mache. Das Mädchen erzählt, dass es sich um einen groß gewachsenen Burschen handle, der heute eine stahlblaue Boxershort und ein ebensolches T-Shirt trage. Der Direktor nimmt das Mädchen bei der Hand, um gemeinsam den Burschen zu suchen Im Getümmel des Schulhofes finden sie den Schüler: Er war ein dunkelhäutiger Zentralafrikaner. Kein Wort war von dem Mädchen über die Hautfarbe gefallen.

Vorurteilsärmer zu werden, kann man erlernen.
Schule und *political correctness* sind untrennbar miteinander verbunden. Wo denn, wenn nicht im großen Kollektiv der Schule, sollte ein Einzelkind gesellschaftliche Spielregeln kennenlernen? Wo sollten Kinder aus vorurteilsbehafteten Familien ein Kollektiv von gelebter Toleranz erleben? Wo lernen Kinder die Umsetzung der niedergeschriebenen Regeln einer Staatsverfassung?

Es stellt sich allerdings die Frage, warum die Kinderrechtskonvention von Österreich zwar ratifiziert, aber bereits seit drei Legislaturperioden nicht in die Verfassung aufgenommen wurde, obwohl diese Absicht in jeder der Regierungserklärungen niedergeschrieben war.

Die österreichische Geschichte darzustellen, ist für Lehrkräfte sicher kein leichtes Unterfangen, schließlich tragen wir alle eine familiäre Geschichte in uns. Es kann aber nicht eindringlich genug der Appell erhoben werden, dass die Demokratie Meinungsfreiheit gestattet und die Schule verpflichtet ist, diese Meinungsfreiheit in all ihren Facetten zu vermitteln, solange sie sich im gesetzlich verankerten Bereich bewegt.

An dieser Stelle sei den LehrerInnen, aber auch den Eltern der Kinder eindringlich nahegebracht, wie wichtig Authentizität ist. Sie ist der Garant dafür, Geschichte erlebbar zu machen. Großeltern sind gefordert, ihre Kriegserlebnisse zu schildern, durch LehrerInnen sind Aktualereignisse, die Kinder im tages- und weltpolitischen Geschehen interessieren, aber auch entängstigen, mit Offenheit und persönlicher Stellungnahme zu diskutieren. Dies gilt für politischen Alltagsstreit ebenso wie für kriegerische Auseinandersetzungen, weltpolitische Krisensituationen, aber auch den Hinweis auf deren Lösungsmöglichkeiten. In einer modernen Schule ist es notwendig, auch die Informationsquellen über die Tagespolitik einzubinden. Dazu gehört Zeitungslektüre ebenso wie das Verfolgen von Rundfunknachrichten und Fernsehinformation. Toleranz und Abbau von Vorurteilen können nur im dialektischen Dialog vermittelt werden. In dieser Hinsicht werden die pädagogischen Hochschulen gefordert sein, den politischen Bereich in Hinkunft ernster zu nehmen, um die Jugend an ihre politische Verantwortung für ihr Land heranzuführen.

Schule und Religion

Eine multiethnische Gesellschaft kommt nicht umhin, sich auch mit der Fragestellung von Schule und Religionen auseinanderzusetzen. Hierbei geht es nicht nur um die immer deutlicher werdende Auseinandersetzung zwischen der christlichen und der moslemischen Glaubenswelt, die Grundlage eines modernen, säkularen Staates mit der in der Verfassung festgeschriebenen Toleranz für Religionsfreiheit und Religionsausübung muss auch für die Schule Bedeutung haben.

Wenn vor Jahren eine Diskussion vom Zaun gebrochen wurde, ob in den Schulen das Kreuz als christliches Symbol eliminiert werden soll, so muss auch eine andere Überlegung erlaubt sein: Um Toleranz aktiv vorzuleben, wäre es durchaus auch möglich, allen Religionen zu gestatten, ihre Symbole und Zeichen in der Schule aufstellen zu lassen – sei es der Davidstern, sei es der Halbmond, sei es das Kreuz oder jedwedes andere Symbol einer in der Schule vertretenen Religion.

Immer wieder wird darüber diskutiert, ob es Jugendlichen nach dem vierzehnten Lebensjahr freistehen soll, sich zwischen einem Religions- und einem Ethikunterricht zu entscheiden. In der hier in den Perspektiven für die Zukunft vorgestellten Schule muss für beide Gegenstände Raum vorhanden sein, da Religion und Ethik zwar gemeinsame Nahtstellen haben, jedoch völlig unterschiedliche Denk- und Geistesrichtungen umfassen. Es ist im Hinblick auf die Tragweitenabschätzung vom Lebensalter her rechtlich durchaus vertretbar, dass sich Vierzehnjährige ohne Einfluss des Elternhauses vom Religionsunterricht abmelden können. Bis zu diesem Zeitpunkt sind allerdings alle Religionslehrer aufgefordert, Kindern im Falle der Zugehörigkeit zu einer Religion Wissen und Kenntnis, die natürlich auf Toleranz fußen müssen, über eben diese zu vermitteln.

Religionskriege sollten der Vergangenheit angehören, und es sollte ein Gemeinsames geben, das der Moral und dem gebildeten Gewissen verpflichtet ist. So findet sich unter den staatlich anerkannten Religionsgemeinschaften keine einzige, die nicht die Achtung vor der Würde des Menschen und dessen Eigentum erklärt oder dem zwischenmenschlichen Zusammensein in Würde und Achtung vor dem Nächsten nicht das Wort redet. Vielleicht sollte man sich zumindest auf die Formeln der Weltethik einigen, die schließlich den staatlich anerkannten Religionsgemeinschaften zu eigen ist.

Religionsvertreter und Philosophen haben sich auf einen gemeinsamen Nenner geeinigt. Die goldene Regel lautet: »Tue anderen, was du willst, dass sie dir tun«; daneben gelten auch die vier Maximen:

- Habe Ehrfurcht vor dem Leben.
- Handle gerecht und fair.
- Rede und handle wahrhaftig.
- Achtet und liebt einander.

Grundkonsens dieses Weltethos ist, dass jeder Mensch menschlich behandelt werden soll.

Wichtig in der Schule ist aber auch, den einzelnen Religionen in einem entsprechenden Geschichtsunterricht den ihnen zukommenden Raum im Laufe der Jahrhunderte zu geben. Nur durch den historischen Einblick wird man jahrhundertelange Kämpfe um Vorherrschaft und die versuchte und oftmals auch misslungene Missionarstätigkeit verstehen können. Nur aus der Geschichte werden wir lernen, gegenwärtige Auseinandersetzungen um die Vorherrschaft einer Glaubensgemeinschaft zu verstehen.

Es ist daher unumgänglich, dass in einer toleranten Welt – noch dazu in einer Demokratie – offen über den eigenen Standpunkt gesprochen werden darf. Ein Agnostiker oder Atheist muss sich ebenso deklarieren und seinen Standpunkt vertreten können wie jemand, der einer monotheistischen Religion angehört, oder jemand, der einer der vielen weltweiten religiösen Vorstellungen anhängt und auch danach lebt. Nur das Wissen um die verschiedenen Gemeinschaften und deren Lehren wird uns persönlich sicher machen und uns auf einen auch individuell richtigen Weg führen.

Schule und Gewalt

In den letzten Jahren geriet das Problem von Aggression, Gewalt und Brutalität an Schulen zunehmend in den Blickpunkt. Waren es auf der einen Seite die dramatischen Amokhandlungen in amerikanischen Schulen, so konnte man andererseits nicht übersehen, dass dieses Problem auch in unserem Land an Bedeutung gewann. Medien fragten nach Ursachen der Gewalt und zeigten Handlungen bis hin zu Verletzungs- und Tötungsdelikten an Lehrern auf. Ohne nun dieses Thema anhand besonders dramatischer Geschehnisse beleuchten zu wollen, muss man sich mit den sozialen Entstehungsbedingungen auseinandersetzen.

Die gewaltarme bzw. gewaltfreie Erziehung war in den skandinavischen Ländern bereits in den fünfziger Jahren des vergangenen Jahrhunderts ein sozialpolitisches Thema. In unserem Land gelangte sie erst durch die aktiven Bemühungen von Hans Czermak und Günther Pernhaupt mit ihrem Buch *Die gesunde Ohrfeige macht krank* in das öffentliche Bewusstsein. Besonders die körperliche Gewalt wurde von diesen Autoren in den Blickpunkt gerückt.

Analysiert man heute die Ebenen der Gewalt, und zwar sowohl als familiäre Ausdrucksform als auch als Ausdrucksform der Kinder und Jugendlichen im Lebensraum Schule, so sind vier Dimensionen, nämlich die körperliche, die intellektuelle, die emotionale und soziale zu unterscheiden.

Die *körperliche Gewalt* manifestiert sich bei kleineren Kindern, häufig im Volksschulbereich, in Raufereien, um die persönliche Stärke zu messen und um Ranghierarchien der Schüler untereinander festzulegen. Mit dem Älterwerden setzt sich die körperliche Gewalt in Form neuer Kampfmethoden fort. Asiatische Kampftechniken werden angewendet, und beim Einsatz von Gegenständen zur Gewaltanwendung reicht die Auswahl von Messern, Schlagringen über

Waffenattrappen bis hin zu tatsächlichen Waffen. In Amerika wird bereits die Aufstellung von Metalldetektoren an Schuleingängen gefordert und einzelne Schulen Österreichs proben bereits den Einsatz von Videokameras, zumindest zur Gangüberwachung.

Neben die körperliche Gewalt ist die *intellektuelle Gewalt* zu stellen. Die Verrohung der Sprache greift um sich, verbale Attacken mit fäkalen Schimpfworten gehören zur Tagesordnung. Autoritätspersonen, wie Lehrer sie darstellen, werden von Vorpubertierenden in herabwürdigender Weise ordinär beschimpft. So agierende Schüler erhalten Applaus von Umstehenden und fühlen sich in ihrer Handlung bestätigt. Die Abwehrmaßnahmen des Lehrers werden gerne belächelt oder gehen ins Leere. Zu Hilfe gerufene Direktoren sind häufig ebenfalls hilflos.

Die verbale Gewalt äußert sich in Beschimpfungen, Verspottungen und der Aufforderung an andere, mitzumachen, um einen Mitschüler »fertigzumachen«. Diese sprachliche Verrohung findet häufig auf Schulwegen statt und entzieht sich oft der Beobachtung von Lehrern und Eltern.

Auch im Elternhaus wird nicht hinreichend Wert auf entsprechende Sprachkultur gelegt, und in den Begegnungen der unterschiedlichen Ethnien unter den Schülern sind Beschimpfungen an der Tagesordnung, da die Kinder die Konflikte ihrer Eltern kopieren.

Emotional schlägt sich die Aggression in einem Wechselspiel von Rückzug und Angriff nieder. In der Spracharmut drückt sich gerne Verachtung durch Ignorieren aus und eine Feindifferenzierung der Emotionen bleibt hinter dem »Ur-cool-Sein« verborgen. Dies heißt schließlich nichts anderes, als mit Gefühlen nicht umgehen zu können, da man sie weder in sich selbst noch bei anderen lesen oder deuten kann. Eine kälter werdende emotionale Welt verliert die Rücksichtnahme und das Mitgefühl für den anderen. Egozentrismus in der Form: »Jeder soll selbst schauen, wie er zurechtkommt«, verhindert ein Miteinander.

Häufig beginnt die *soziale Gewalt* bereits im Elternhaus, wenn das Kind verspürt, dass es keinen umfassenden Schutz durch die Eltern erhält.

> Ein Kind wird auf dem Weg von der Schule nach Hause von Klassenkameraden verprügelt. Weinend betritt es die elterliche Wohnung und findet seinen Vater vor, der von der Zeitung aufblickt und fragt: »Was haben sie dir gemacht? Wahrscheinlich haben sie dich verprügelt. Du weißt, ich hab dich noch nie geschlagen, aber ich habe dir immer gesagt, was für ein Versager du bist, und nunmehr geschieht es dir recht!« Vielleicht kann man dies als Delegationspunifikation bezeichnen.
>
> Auf der gleichen Linie liegt die Aussage eines Vaters, der bereits in der Volksschule der Lehrkraft mitteilte: »Den können Sie ruhig härter anpacken, der braucht das!«

Soziale Gewalt bedeutet für das Kind auch, aus der Gemeinschaft ausgeschlossen zu sein. Es kann gemobbt werden, ohne dass Lehrkräfte und Eltern das Leid dieses Kindes erkennen.

Ursachen von Gewalt

Gewaltanwendung hat vielfältige Ursachen, wobei vor allem das Imitationslernen vorangestellt sei. Kinder werden von frühesten Tagen an vor allem durch mediale Wahrnehmung mit Gewalt konfrontiert. Das Spektrum reicht von Zeichentrickfilmen über Abenteuerfilme, Gewalt- und Horrorvideos bis hin zur Konfrontation mit Informationen über gelebte Gewalt in Aufständen und Kriegen. Durch elektronisches Spielzeug werden Kinder unter dem Gesichtspunkt der Steigerung der Konzentration schon frühzeitig mit Spielen in Berührung gebracht, bei denen die Zerstörung und Vernichtung von virtuellen Symbolfiguren trainiert wird. Die Imitation, eines der wichtigsten pädagogischen Elemente, verleitet die Kinder zur

Nachahmung der Erwachsenenwelt, und diese verführt in die Welt des Vergleichs mit dem Stärkeren.

Eine weitere Ursache für Gewalt ist neben dem Imitationslernen die Devise: »Mitmachen ist Pflicht.« Das Kollektiv einer Gruppe bestimmt Regeln und Normen. Sind diese stark aggressiv betont, so wird von Kindern, die schwächer sind, der Weg des Mitmachens zu ihrer eigenen Norm erhoben. Dazuzugehören bedeutet für das Kind dann gelebtes Gemeinschaftsgefühl. Rädelsführer bedienen sich solcher Kinder besonders gerne und erheben sie durch das Mitmachen in einen höheren sozialen Rang. Auch hier gewinnt das Wort der Delegationspunifikation Bedeutung. Der Stärkste setzt gar keine aktive rohe Gewalt mehr ein, sondern delegiert sie an ihm Untergebene. Die daraus resultierende Sozialrangelei führt dann zu folgendem Beispiel:

> Drei minderjährige Jugendliche streunen umher. Sie treffen einander immer wieder im gleichen Parkgelände. Sie wollen rauchen und Alkoholika konsumieren, und da das Taschengeld aufgebraucht ist und sie kein Geld besitzen, beginnen sie einen alten Mann zu attackieren. Zuerst beschimpfen und bedrohen sie ihn, schließlich fordern sie Geld. Da der alte Mann nur fünf Euro in der Tasche hat, reißt einer der Jugendlichen eine Latte aus einem Zaun und schlägt auf ihn ein. Als dieser zusammenbricht und am Boden liegt, geht der bisher zuschauende schwächste Jugendliche hin und tritt den am Boden liegenden Mann mit dem Schuh gegen den Schädel. Schwerst verletzt wird der Mann ins Spital gebracht, zwei der Schüler sind noch strafunmündig.

In diesem Fall war nicht nur Mitmachen Pflicht, sondern der Schwächste wollte den Stärksten in seiner Gewalthandlung in Brutalität noch übertreffen.

Eine weitere Ursache von Gewalt ist die Weitergabe von Selbsterlittenem. Vor allem in Familien mit sehr autoritärem Erziehungsstil sucht das Kind Ersatzautoritäten, an denen es sich vermeintlich rächen kann. In der Rangreihe sind Lehrpersonen häufig das Opfer. Sie bekommen jene Aggression ab, die das Kind gegen die Eltern hegt, denen gegenüber es aber keine Möglichkeit besitzt, sich zu wehren. Lehrkräfte, die in pädagogischer Diagnostik nicht geschult sind, werden diese Aggressionshandlungen nicht zuordnen und ihnen deshalb keine adäquate Maßnahme entgegensetzen können. Wenn auch die Lehrpersonen entsprechende positive und konsequente Autorität entgegensetzen, geht die Kaskade der Weitergabe von Selbsterlittenem weiter und diese Kinder wählen als Aggressionsopfer dann meist Mitschüler oder Geschwister. Sind auch diese zu Abwehrleistungen fähig, so kommt es bisweilen zu Tierquälerei. Beißt der Hund und kratzt die Katze als Antwort auf die gegen sie gerichtete Aggression, so wird das Kind vielleicht versuchen, den Blumen mit einem Holzstock die Köpfe abzuschlagen, und handelt es sich um Rosen, die das Kind verletzen, so wird als Vandalenakt die Parkbank zerstört oder in der Telefonzelle der Telefonhörer ausgerissen.

Hemm-, Brems-, Kontroll- und Steuermechanismen

Um die Ursachen für Gewaltanwendung zu ergründen, gilt es zu beurteilen, inwieweit bei einem Schüler die Hemmmechanismen ausgebildet oder vielleicht auch aus auszuforschenden Gründen verloren gegangen sind.

Die *Hemm*mechanismen entspringen natürlichen Instinkten und anerzogenen Verhaltensweisen, zu einem bestimmten Zeitpunkt eine Handlung zu beenden, da die Tragweitenabschätzung die Risikogefahr erkennen lässt. Dies mag am Beispiel von Angriffsabwehr dargestellt werden.

In früherer Zeit wurde immer wieder geraten, bei körperlichen Angriffen und vor allem Sexualangriffen dem Angreifer mit Zeige- und Mittelfinger in die Augen zu fahren. Der instinkthafte Hemmmechanismus, jemanden zu blenden, verhinderte allerdings meist die Befolgung dieses Ratschlags.

*Brems*mechanismen sind dazu da, nicht über das Ziel hinauszuschießen, also eigene Grenzen zu erkennen, um der Emotion von Ärger, Wut und der daraus resultierenden Gewalt Einhalt zu gebieten.

*Kontroll*mechanismen haben etwas mit der Fähigkeit zu tun, Selbstkontrolle zu üben, wenn man seine eigenen Reaktionsweisen erkannt hat. Eine wichtige Erziehungsaufgabe der Eltern ist das wiederholte Hinweisen darauf, sich unter Kontrolle zu bringen, den eigenen Impulsen Einhalt zu gebieten, und sollte es zum Kontrollverlust kommen, nachfolgend darüber nachzudenken, wie man auch anders handeln hätte können. Hinzu kommt die zu erlernende Kulturfähigkeit des Sich-entschuldigen-Könnens.

*Steuer*mechanismen haben viel mit der Fähigkeit zu tun, sinn- und planvoll vorausdenken zu können, wobei sich die Erkenntnis breit macht: »Wohin steuert der gegenwärtige Konflikt? Werde ich ihn unter Kontrolle behalten können?«

Die eben aufgeführten Fähigkeiten bedürfen einer konsequenten Erziehung mit immer wiederkehrender Außenhilfe zur Reflexion. Dies ist auch für die Schule notwendig, wo in Gruppenarbeit über Konfliktentstehung, Konfliktausbreitung sowie die Folgen eines Konfliktes reflektiert und die Erarbeitung von Lösungsmöglichkeiten geübt und trainiert werden muss.

Viele Konflikte in der Schule bedürfen der Einbeziehung der Eltern und bisweilen der Mediation durch Außenstehende, wenn die »drei Parteien« – Lehrer, Schüler und Eltern – auf unterschiedlichen Standpunkten beharren. Konfliktlösung verlangt immer zuerst eine exakte Beschreibung der Entstehung des Konfliktes sowie der unterschiedlichen Standpunkte. Erst dann kann Konfliktlösung erarbeitet und geübt werden.

Misshandlungsvorwürfe

Im Lebensraum Schule bedarf es der besonderen Wachsamkeit im Hinblick auf Kindesmisshandlung. Solche Vorkommnisse können die Schule selbst betreffen – Misshandlungsvorwürfe durch Lehrpersonen, Vorwürfe bezüglich Streit und Gewalt der Schüler untereinander –, aber auch die Entdeckung von häuslicher Gewalt durch die Lehrkräfte.

War bis in die fünfziger Jahre des vergangenen Jahrhunderts körperliche Gewalt durch Lehrer durchaus üblich, so handelt es sich heute nur mehr um seltene Vorwürfe, die auch streng geahndet werden. Neben der körperlichen Gewalt muss man aber auch Vorwürfe der seelischen Verletzung eines Kindes ernst nehmen. Da gibt es die Vorwürfe, dass Kinder beschimpft, beleidigt und herabgewürdigt und mangelhaft vor verbalen Angriffen der Mitschüler geschützt werden. Die Sprachverrohung hat in den letzten Jahren deutlich zugenommen und auch Lehrer werden von verbalen Attacken, manchmal sogar körperlichen Übergriffen, nicht verschont.

Ein solches Klima schafft für Lehrer und Schüler Angst, und diese schaukelt sich dann unerwartet explosiv hoch. Zu Hilfe eilende Direktoren sind häufig auch keine Gewaltmediatoren, und die Zahl der zur Verfügung stehenden Schulpsychologen ist österreichweit zu gering. Deeskalationstrainings für Lehrer sind teuer und werden in zu geringer Zahl angeboten. Programme, wie sie der Norweger Dan Olweus vorgeschlagen hat, sind zwar erfolgreich anzuwenden, allerdings sehr zeit- und finanzaufwendig.

Die Trainings basieren auf den Prinzipien der Erweiterung des Verhaltensrepertoires und der Wichtigkeit der Überzeugung vom sozialen Miteinander. Dazu müssen Jugendliche Konfliktsituationen frühzeitig erkennen lernen, um dann mit ihren Lehrern gruppendynamisch Reaktionsmöglichkeiten zu üben. In einem weiteren Schritt muss das Erlernte immer und immer wieder durchgespielt werden, um gemeinsam das Erlernte schließlich in Gruppendynamik umzusetzen. Für solche Gewaltminderungstrainings bedarf es aber auch der Einbindung der Lehrer und Eltern, die das Gelehrte und Erlernte ihrer Kinder in ihr eigenes pädagogisches Handeln einbinden.

Gewaltprävention zum Schutz von Misshandelten kann nicht frühzeitig genug beginnen, muss also vom Kindergarten an trainiert werden, da Gewalt und Misshandlung nur in gruppendynamischen Trainings begegnet werden kann.

Nicht außer Acht gelassen werden darf wiederum die Ethnienfrage, da bestimmte Formen von körperlicher und verbaler Gewalt auch kulturspezifisch ihren Ausdruck finden.

Einer Misshandlung sind Kinder aber auch durch emotionale Kälte von Autoritätspersonen ausgesetzt. Sowohl Eltern als auch Lehrer können dem Kind durch Unnahbarkeit oder mangelnde Herzlichkeit so sehr Angst machen, dass man gleichsam von Misshandlung sprechen kann. Folgt dann auch noch soziale Ausgrenzung – die Lehrer innerhalb des Klassenverbandes erkennen sollten –, so entsteht neben der Angst gleichsam die Furcht, ausgestoßen zu sein.

Lehrer haben beispielhaft »Integrationspolitik« zu betreiben, womit gemeint ist, dass in gruppendynamischen Prozessen am Rande stehende Kinder besonders behutsam angefasst werden müssen, um in die Gruppe eingegliedert zu werden. Auch Rädelsführer in einer Klasse sind auszumachen, denen dann bestimmte Aufgaben zugemessen werden sollten, damit sie ihr Aggressions- und Konfliktpotenzial gleichsam sublimieren. Sie erfahren dadurch eine soziale Rangerhöhung und nützen ihre Energie sozial positiv.

Lehrkräfte sind auch aufgerufen, vor allem bei häufigem Fehlen von Schülern sowie bei Vermeidung des Turnunterrichtes, aufmerksam zu schauen, ob auf diese Weise nicht Verletzungsspuren verborgen werden sollen. Hier wird das Augenmerk behutsam vor allem auf Kinder aus südosteuropäischen Ländern zu richten sein. Patriarchalische Strukturen geben Vätern das vermeintliche Recht zur Züchtigung. Dies kann selbstverständlich in unserem Land nicht geduldet werden, und bei Elternabenden oder in Elternaussendungen wird immer und immer wieder auch auf den nötigen Gewaltverzicht innerhalb der Familien hingewiesen werden müssen.

Die Spirale von der Aggression über die Gewalt zur Brutalität

Auf die häufig gestellte Frage, ob in der Schülerwelt die Aggressionen angestiegen seien, geben die meisten befragten Fachleute an, die Summe der Aggressionen ist wohl gleichgeblieben. Zu beobachten ist allerdings die sich immer schneller drehende Spirale von der Aggression über die Gewalt zur Brutalität. Dies lässt sich an den häufigen Verletzungen ermessen, die Schüler im Rahmen des Unterrichts, aber auch in der Freizeit erleiden. Schüler leben in einer Welt von realer Gewalt und versuchen ihr Ich dergestalt zu schützen, dass sie sich gleichsam einigeln und in der Aktionssprache der Gewalt erklären: »Ich bin stärker als andere. – Ich lasse mir nichts gefallen. – Mir kann keiner etwas anhaben. – Weil ich nicht geschützt werde, schütze ich mich selbst.« So oder ähnlich sieht der individuelle Hintergrund aus, und die Gewalt, beginnend bei der verbalen Drohung und Beschimpfung bis hin zur körperlichen Aggressionsabfuhr gegenüber Objekten im Sinne des Vandalismus, aber auch durch Tätlichkeit anderen Menschen gegenüber, übersteigt häufig die Kontrollmöglichkeit und den Einsatz des Lehrers, mit solchen Kindern oder Jugendlichen adäquat umzugehen.

Gegen Gewalt kann nur kollektiv vorgegangen werden, d. h. nach dem bereits erwähnten Pronomenschema ICH, DU, WIR und ES.

Der erste Schritt ist dem ICH gewidmet: »Wie gehe ich als Lehrer mit Aggression um? Wie sehr fühle ich mich angegriffen, gedemütigt? Wie ist meine persönliche Einstellung zu Gewalt, die ja häufig Gefahr läuft, mit Gegengewalt beantwortet zu werden?«

Das DU, also der Schüler, muss unter dem Aspekt des Imitationslernens z. B. von Gewalt innerhalb der Familie und des Freundeskreises gesehen werden, die schon berichtete Wiedergabe des Selbsterlittenem an Schwächeren, wobei Schüler aus ihrer egoistischen Sicht auch den Lehrer als den Schwächeren sehen, dem es gilt das Leben schwer zu machen.

Das WIR ist nun die Gemeinschaft, die unter dem aggressiven

Verhalten leidet; das können Eltern und Lehrkräfte gemeinsam sein, die Mitschüler, allfällig alle sozialen Gemeinschaften, in denen sich das Kind oder der Jugendliche befindet. Im WIR ist es sinnvoll, in Gruppenarbeit und gemeinsamen Gesprächen Strategien zu erarbeiten. Die Arbeit in Kleingruppen in der Klassengemeinschaft, die Einrichtung von Elternforen, aber natürlich auch die Zuziehung von Psychagogen, Beratungslehrern, Sozialarbeitern, Psychologen und Psychotherapeuten sind anzuraten.

Damit ist man beim ES angelangt, also der Methodik, die es einzusetzen gilt. Manchmal nützt es, einen Rädelsführer in der Klasse einfach zum Kontrolleur über die in der Klasse herrschende Gewalt und Brutalität zu machen. Wie überhaupt in einer guten sozialen Klassengemeinschaft Lehrkräfte mehr an ihre Schüler delegieren sollten, um aktives Lernen zu forcieren. Schon acht- bis zehnjährige Schüler sind durchaus imstande, eine Schulklasse zu unterrichten und erstaunlich ruhig zu halten, wenn diese Aufgabe reihum geht und keiner benachteiligt, aber auch niemand überfordert wird. Hier sei nochmals der Hinweis angebracht, dass der soziale Erfolg umso größer sein wird, je mehr sich die Schule auf eine Ganztagsschule hinbewegt. Dabei werden sich allerdings vielleicht völlig neue Berufsstände herausbilden müssen bzw. wird auf vorhandene zurückgegriffen werden müssen, die bislang in der Schule nicht eingesetzt wurden.

Die Techniken der Deeskalation umfassen Konfliktidentifizierung, Konfliktanalysierung, Ressourcenanalyse des Einzelnen und der jeweiligen Gruppe, ermutigende, begleitende Hilfsmaßnahmen aus der Peergroup und schließlich permanente Ermutigung und Lob, auch bei kleinen Erfolgen, wobei ein Wort aus der Psychoszene nicht oft genug wiederholt werden kann, nämlich »Geduld«. Gemeint ist damit pädagogische Geduld im Formengestalten und -ausbilden.

Futuristisches Schulszenario

Jede Einrichtung öffentlicher oder privater Hand, die Kinder bilden und erziehen soll, braucht Orientierungsstrukturen: zeitliche und örtliche, situative und persönliche – oder, anders ausgedrückt, die Beachtung der Ws: Wer, was, wann, wie lange, wie oft, wozu, womit?

Die zeitliche Komponente
Folgt man diesen Vorgaben, so wird sich Schule grundsätzlich mit den zeitlichen Rahmenbedingungen für die Zukunft auseinandersetzen müssen. Über den Schuleintritt wurde im Eingangskapitel bereits berichtet; aus Sicht des Autors sollte die Schule erst mit dem sechsten Lebensjahr beginnen. Grundsätzlich ist in Frage zu stellen, ob die Volksschule die bisherigen vier Grundschuljahre anbieten soll oder ob eine Verlängerung bis zum zwölften Lebensjahr sinnvoll erscheint. Damit würde dem Eintritt in die Vorpubertät strategisch vernünftiger Rechnung getragen. Eine Entscheidung für das Gesamtschulmodell, das derzeit als Neue Mittelschule international anerkannte Schullaufbahnmodelle abbildet, würde eine grundsätzliche Umstrukturierung erfordern.

Unbedingt notwendig bei einer Entscheidung über die zeitliche Gestaltung ist die Berücksichtigung wissenschaftlich begründeter psychologischer Entwicklungsmodelle im kognitiven Bereich. Mit Eintritt in die Pubertät kommt es hier zu einem Wandel der Denkoperationen. Zum logisch-real-konkreten Denken kommen abstrakte Denkstrukturen hinzu, was kurzzeitig zu einem Denkchaos führt. Da der Eintritt in die Pubertät und die nachfolgende Phase der Hochpubertät individuell zu unterschiedlichen Zeitpunkten erfolgen, ist dem Gesamtschulmodell unbedingt nahezutreten.

Hingewiesen sei auf die in Österreich gültige Rechtsordnung, in der man mit dem vierzehnten Lebensjahr die Strafmündigkeit zugebilligt erhält. Dies bedeutet, dass Vierzehnjährige in ihrer Tragweitenabschätzung als ausreichend reif erkannt werden. In Analogie dazu könnte man dieses Lebensalter auch für einen kollektiven differenzierten Schulwechsel ins Auge fassen.

Vorstellbar wäre auch, eine mittlere Reife anzudenken, die vor allem jenen Schülern zugute käme, die einen verlangsamten Entwicklungsverlauf nehmen. Entgegenkommen würde die mittlere Reife aber auch jenen Schülern, die zwischen der achten und der zwölften Schulstufe einen Schulabbruch erleiden. Auch diesen Schülern ist psychosozial entgegenzukommen.

Die räumliche Komponente

Was die örtliche Orientierung anbelangt, wurde das Raumproblem eingangs bereits für die Gesamt- und Ganztagsschule erörtert. In dieser futuristischen Zusammenfassung kann aber nicht oft genug wiederholt werden: Kinder brauchen Bewegungsräume. Kinder und Jugendliche klagen immer wieder darüber, offensichtlich nicht hinreichend beachtet zu werden, ja sie behaupten manchmal sogar, vergessen worden zu sein. In den in den letzten Jahren errichteten Großwohnanlagen wurden die Kinder tatsächlich ähnlich den Schulplanungen benachteiligt. Die Spielplätze sind zu klein dimensioniert, moderne, käfigähnliche Spielräume ermöglichen wenig Auslauf, und die Spiel- und Sportgeräte werden ebenfalls als wenig interessant beklagt.

Es soll nicht in Abrede gestellt werden, dass es moderne Schulbauten gibt, die gerne als Herzeigemodell dienen, doch sind das immer noch viel zu wenige. Aus den vielfältigen Klagen, die der Autor von Lehrern, Eltern und vor allem von pubertierenden Kinder hört, wird ein Umdenken rasch erfolgen müssen.

Vergleicht man Österreich mit vielen anderen Ländern Europas, vor allem aber mit den Vereinigten Staaten von Amerika, so wird dem Sport und damit der körperlichen Ertüchtigung in unserem

Land zu wenig Beachtung geschenkt. In vielen Ländern werden Sportleistungen von Schülern mit kognitiven Leistungen gleichrangig gewertet. Diese Sportleistungen sind Ansporn und manchmal Kompensationsmöglichkeit für die anderen alterstypischen Leistungsschwächen. Diesem Umstand muss man Rechnung tragen, indem entsprechende Sportstätten zur Verfügung gestellt werden. Für besonders talentierte sportliche Kinder sind einzelne Sportschulen geschaffen worden, die großartige Arbeit leisten, alle anderen Schulen aber werden sich mehr und mehr um die Wichtigkeit des Sports bemühen müssen, da dies angewandte Prävention zugunsten der Gesundheit ist.

Gleiches gilt auch für die musischen Fertigkeiten von Kindern; auch diese werden noch mehr ins Zentrum zu stellen sein, wenn wir uns weiterhin als ein die Kultur hoch schätzendes Land verstehen wollen. Sowohl der Sport als auch die musischen Fächer dürfen nicht mehr als Nebenfächer gewertet werden, sondern sie ergänzen als Hauptfächer unsere Bildung.

Die situative Komponente

Unter dem Begriff der situativen Orientierung ist vor allem die Lehrerausbildung bis hin zu den Hochschulprofessoren einem kritischen Augenschein zu unterwerfen. Die 2007 neu gegründeten pädagogischen Hochschulen dürfen nicht bloß eine Fortschreibung der bisherigen Akademien sein. Ein Hochschulstudium bedeutet in der Vielfalt der belegten Fächer ein sehr hohes Maß an Eigenverantwortung. Der Hochschulunterricht gibt Anregungen zum Selbststudium. Weiters bietet das Studium Übungen an, in denen der angehende Lehrer praktisch auf seine künftige Tätigkeit vorbereitet wird. Der wesentliche Unterschied zu den bisherigen Akademien muss aber sein, dass die Schwerpunkte der Ausbildung von der kognitiven Einseitigkeit hin zur Gleichrangigkeit von sozialem und emotionalem Lernen verschoben werden. Dazu sind Selbsterfahrung und Gruppendynamik unbedingt notwendig, nur durch diese

Erfahrung wird den SchülerInnen zu vermitteln sein, dass Lernen nur auf bestes Niveau gebracht werden kann, wenn psychische Ausgeglichenheit vorhanden ist. Selbsterfahrung kann aber nur durch universitär externe Trainer vermittelt werden.

Immer wieder ist zu beobachten, dass eine Großzahl von Lehrkräften, vor allem ab der zweiten Sekundarstufe, ihr eigenes Fach perfekt beherrschen, dabei allerdings gerne in die Hochschulmentalität ihrer eigenen Lehrer zurückfallen. Das Fach wird wissenschaftlich vorgetragen, gerne auch über das Niveau des Schülers hinausgehend; gelernt wird allerdings unter dieser Voraussetzung mit den Kindern nicht. Schüler bekommen auf diese Weise nicht vermittelt, welcher Lerntypologie sie angehören. In diesem Zusammenhang sei nochmals auf die pädagogische Diagnostik und die auch in der Schule zu vermittelnde Psychoedukation hingewiesen. Scharf formuliert hat ein Kritiker geäußert: »Lehren und lernen Sie Pädagogik!«

Die persönliche Komponente

Kognitives Lehren findet auf überprüfbar sicherem Boden statt. Emotional-soziales Lehren lässt sehr schwankende Balken beschreiten.

Was nun die *persönliche Orientierung* anlangt, sollte man noch intensiver an Lehrerpersönlichkeitsprofilen arbeiten und Multiple-Choice-Verfahren nicht überbewerten: Wer diese schneller beherrscht, ist nicht unbedingt der Bessere. Die Schule bedarf der gewissenhaften Auswahl von Menschen, die Lehrer werden wollen und mit Empathie und Sympathie, Ausgeglichenheit und Humanität sowie Humor ausgestattet sind. Diese Menschen müssen zu Befähigung herangeführt werden, Autorität zu vermitteln. Dies gelingt nur durch Studium und begleitende Supervision in den ersten Arbeitsjahren, die teils von Pädagogen, teils von Psychologen mit psychotherapeutischer Ausbildung, durchgeführt werden sollte. Nicht der junge Lehrer sollte beim älteren als »Beiwagerl« – so der typisch österreichische Ausdruck – mitgehen, sondern vielmehr sollte der ältere Lehrer die Supervision in Ehrfurcht vor der Würde des jungen Kollegen vor Ort übernehmen.

Leben und lernen lehren

Die künftige Schule wird sich dem Thema des Leben- und des Lernen-Lehrens mit aller Kraft annähern müssen.

Es liegt mehr als ein Jahrzehnt zurück, dass der Autor der damalig amtierenden Unterrichtsministerin auf deren Frage, was er sich vom Ministerium wünsche, geantwortet hat: »Frau Ministerin, richten Sie bitte von der ersten bis zur zwölften Schulstufe eine Wochenstunde Leben-Lehren ein und öffnen Sie die Schule für den Dialog mit gebildeten schulfremden Personen, die den Unterricht ergänzen können.« Ihre Antwort lautete: »Dies sei eine utopische Forderung.« Mit diesem Artikel stellt der Autor sie erneut. Leben lehren und lernen erfordert die didaktischen Fähigkeiten, sich der Vermittlung des Alltagslebens zu stellen. Neben formalen Lehr- und Lernritualen ist dem täglichen Geschehen, vermittelt durch die Medien, Aufmerksamkeit zu schenken. Als Beispiel sei eine Wochenstunde Zeitungslektüre empfohlen.

Lernen lehren bedarf des Dialogs mit Entwicklungspsychologen und kognitiven Psychologen, um die entsprechende Ausdifferenzierung der Lerntypen zu erreichen. Eine solche kann aufgrund der unterschiedlichen kognitiven Input-Verarbeitungs- und Output-Fähigkeiten bereits frühzeitig erfolgen.

Da gibt es jenen Schüler, der eine besondere Teilleistungsstärke im akustischen Bereich hat. Er nimmt gut wahr, kann gut kurz- und langzeitspeichern und ist imstande, Gehörtes nahezu identisch wiederzugeben. Für diesen Schüler ist der Schulunterricht mit dem gut vortragenden Lehrer sein persönliches Optimum.

Da gibt es jenen Schüler, für dessen individuelles Lernen Tafelbild, Heft und Buch sowie jegliches Bildmaterial wichtig sind. Er wird für ihn wichtiges Lernmaterial unterstreichen, vielleicht bunt, sodass eine Seite schließlich wie ein modernes Gemälde aussehen wird. Er kann sich räumlich gut orientieren und findet aus einer Vielfalt von Details optisch Wichtiges heraus.

Da gibt es jenen Schüler, der laut lernen muss. Er muss sich den jeweiligen Stoff vorsagen und aktiviert damit die Fähigkeit, neben dem Kenntniszuwachs bereits die sprachliche Formulierung trainiert zu haben.

Da gibt es zum Leidwesen der Eltern jenen Schüler, der eine Geräuschkulisse braucht und seine Stereoanlagen auf zweimal vierzig Watt aufdrehen muss, um sich bestmöglich selektiv auf die zu lernende Stofffülle zu konzentrieren. Ein anderer Schüler braucht ein nahezu abgedunkeltes Zimmer mit einer Punktleuchte und hochflorigen, schalldämpfenden Teppichen, um sich zu konzentrieren, und bereits eine Fliege am Fenster stört die Konzentration.

Und da gibt es jenen Schüler, der sich einen imaginären gleichaltrigen, nicht sehr intelligenten Freund auf einem Sessel in seinem Zimmer vorstellt. Diesen Schüler unterrichtet er so lange in dem zu lernenden Stoff, bis dieser Schwächling ihn auch beherrscht, und siehe da, nun kann er – der Lehrende – ihn auch. Dies nennt man dann »*teaching for learning*«.

Vielleicht ist es auch notwendig, Tricks und Tipps zu sammeln. So bekennt der Autor ein, dass er sehr frühzeitig für die Realienfächer zum Lernen Tonbänder eingesetzt und jeweils gegen Abend die zehn wichtigsten Sätze des vormittäglichen Unterrichts wiederholt hat. Nach sechs bis acht Wochen, zwei Tage vor der Prüfung, wurden diese ca. zwanzig Minuten langen Tonbänder mehrmals abgehört, und schon war die Prüfung wesentlich erleichtert.

Das Vokabellernen wurde unterstützt durch sogenannte Pickups, auf denen auf der einen Seite das deutsche und auf der anderen Seite das englische oder lateinische Wort stand. Diese Pick-ups waren am Spülkasten der Toilette fixiert und wurden nach entsprechend oftmaligem Besuch weggespült, und zwar zum Zeitpunkt der Fixierung der Vokabeln.

Bei entsprechender Befähigung zur Bildung von Reimen ist die

Methode der Mnemotechnik anzuwenden. Eines der berühmtesten Beispiele, die jeder Mediziner bereits am Beginn seines Studiums lernt, ist der Reim: »Ein Fischer geht im Mondenschein, dreimal um das Erbsenbein, Vielwinkel groß – Vielwinkel klein – der Kopf muss bei dem Hammer sein.« Es handelt sich dabei um einen Nonsensspruch, der die Anordnung der Handwurzelknöchelchen sich merken ließ. Dies lässt sich üben und trainieren.

Zuletzt sei ein Beispiel zur Filterung von akustischen und optischen Teilleistungsschwächen angegeben, die auch jeder Lehrer und jeder Elternteil einfach überprüfen kann.

> Eine Lehrerin gibt gegen Ende des Vormittags die Rechenaufgabe bekannt, und während sie spricht, summt eine große Fliege am Fenster, in der Bank raschelt ein Schüler mit Zellophanpapier, einer Schülerin fällt ein Bleistift auf den Boden, der durchs Klassenzimmer rollt, und vor dem Schulgebäude versucht ein Motorradfahrer vergeblich sein Motorrad zu starten. Aus dieser Geräuschvielfalt hört nun der akustisch Teilleistungsschwache einige Worte der Lehrerin, höchst interessiert einen Ausschnitt des Raschelns, dann wieder Worte der Lehrerin, und schließlich ist seine gesamte Konzentration auf das Motorrad gerichtet. Die Folge ist eine Teilkenntnis der vermittelten Aufgabe.

Als Beispiel für eine optische Teilleistungsschwäche mag dienen:

> Auf einem Blatt Papier ist eine einfache geometrische Zeichnung abgebildet: ein großes Dreieck, ein Kreis innerhalb des Dreiecks und in dem Kreis ein Quadrat. Diese drei geometrischen Grundfiguren können wir als Erwachsene klar trennen und benennen. Das teilleistungsgestörte Kind sieht zum Beispiel nur Teile wie z. B. vom Dreieck die nach oben zeigende Spitze und vom Kreis den unten begrenzenden Rundbogen.

Solche Teilleistungsschwächen lassen sich testpsychologisch exakt diagnostizieren und können durch entsprechendes Training gemildert oder sogar ganz beseitigt werden.

In diesem Zusammenhang sei auch ein Appell an die pädagogischen Hochschulen gerichtet, in Zukunft noch mehr das Lernen zu lehren und mit den daraus abzuleitenden Erkenntnissen zu üben.

In dem vorliegenden Buch wurde immer wieder auf kollektive Zusammenarbeit des Lehrkörpers hingewiesen, und auch hier sei nochmals die Teamarbeit angesprochen. Nicht umsonst werden in modernen Managementkursen Gruppendynamik und Teamarbeit großgeschrieben, um Synergien zu bündeln – ein auch für Lehrer wichtiger Faktor. In Teamarbeit kann beispielsweise, der Fuzzy-Logik entsprechend, ein Brainstorming erfolgen, das, häufig auf unlogischen und unwahrscheinlichen Einfällen basierend, schließlich zu Lösungsansätzen führt. Solche Trainings sollten sowohl für aktive Lehrkräfte angeboten werden als auch an den pädagogischen Hochschulen pflichtmäßig Eingang in die Studienpläne finden.

In diesem Zusammenhang seien auch die Belastungstrainings für Lehrer erwähnt. Gerade die Diskussionen der letzten Wochen und Monate haben, untermauert durch wissenschaftliche Studien, gezeigt, wie wichtig derartige Belastungstrainings für Lehrer sind, wenn es um das hohe Gewaltpotenzial in Österreichs Schulen geht.

Zuletzt sei noch ein utopischer Vorschlag für den Lebensraum Schule empfohlen. Selbstverständlich basiert der Schulunterricht auf dem jeweiligen Lehrkörper, wie er im Kapitel Lehrer umschrieben wurde. In diesem Lehrkörper sind auch alle sonder- und heilpädagogischen Lehrkräfte mit eingebunden. Hinzu kommen SchulpsychologInnen, in Hinkunft SchulpsychiaterInnen des Kindes- und Jugendalters, Sonder- und HeilpädagogInnen, allfällig AllgemeinpädagogInnen und eben die bereits erwähnten schulfremden Menschen, die individuell zur Abrundung des Lehrstoffes aus der Lebenspraxis Kindern authentischen Einblick in das Leben zu geben, um vor allem auch Berufsvorstellungen zu unterstützen bzw. auch zu enttarnen.

Viele Lehrkräfte Österreichs haben ihren Beruf aus Überzeugung gewählt und engagieren sich weit über das vorgeschriebene Maß hinaus. Wie oft verdanken Schüler einem einzelnen Lehrer ihre Lebenskarriere, weil dieser im richtigen Moment das richtige Wort gefunden hat. Solche Lehrer können zu Lebensmenschen werden.

Viele Schüler verzweifeln an der Schule, weil ihnen das Elternhaus nicht genügend Schutz gewährt und sich einzelne Elternteile nicht, je nach Notwendigkeit, vor oder hinter ihr Kind stellen. Kinder sind nicht grundsätzlich träge, schlampig, frech, in bestimmten Lebensphasen emotional und sozial problematisch – sie sind es vor allem nicht vorsätzlich. Manche bedürfen der ermutigenden Führung, manche der strafferen Lenkung und wiederum andere der dem Alter angemessenen Gespräche.

In Goethes *Faust* sinniert Dr. Faustus über den Satz: »Im Anfang war das Wort …« Er überlegt, ob es wirklich das Wort oder nicht vielmehr heißen müsste, »der Sinn«. Er kommt schließlich zur Überlegung, es müsste heißen »die Kraft«, auch diesen Begriff verlässt er zugunsten: »Im Anfang war die Tat«.

Schreiten wir zu Taten, erweitern wir das Wort über den Monolog zum Dialog und nehmen wir uns dafür Zeit. Vielleicht sollten wir den obzitierten Satz erweitern und uns gegenseitig versichern: »Im Anfang waren Wort und Zeit.«

UEBERREUTER

Max H. Friedrich

Irrgarten Pubertät
Elternängste

ISBN 978-3-8000-7083-1

ISBN 978-3-8000-3823-7